ボクと先輩

平野太呂

晶文社

ブックデザイン　平野甲賀

ボクと先輩　目次

ボクと先輩

大塚忠雄

『テーラー大塚』店主

大塚先輩に会うまえに、ボクはまず中古カメラ屋に行った。これから始まるだろう百戦錬磨の先輩たちと相対するのに何かボクにも武器が必要だと思ったからだ。

ボクはマキナ67という古いフィルムカメラを手に入れた。レンズ部分に付いている蛇腹を伸び縮みさせてピントを合わせ、レンジファインダーを覗いて構図を決める。およそ慣れていないとシャッターチャンスは確実に逃すだろう。でもボクはそれでいいと思った。正確に、余すことなく、逃さない。そんなことはたぶん先輩たちの前ではきっと重要ではなくなると思ったからだ。

文章を自分で書くということもまたボクにとっては新しい挑戦だ。写真を撮りながら先輩の話を聞き、質問をし、それを文章にまとめる。そんなことがボクにできるのだろうか。きっとできない。これもまた、ボクはそれでいいと思った。先輩たちの前でどれだけ大きく振る舞っても仕方がない。そんな虚勢、先輩たちにはすべてお見通しだ。隙だらけのままで、先輩の前に行き、帰りにはその隙が少し埋まっている。そうなればいいと思った。

この連載が始まるにあたって、ボクが用意したのはたったそれだけだ。あとは野となれ山となれ、買ったばかりのカメラに、慣れない手つきでフィルムを詰めていざ取材へと向かうのだった。

＊

東京の東、浅草橋。ボクが住む東京の西とは明らかに違う空気を感じながら、先日この土地に引越しをした日傘ブランド「コシラエル」のひがしちかさんのアトリエへと向かう。

その途中、ふと目に入ったテーラーの中に、ベレー帽をかぶったベスト姿の紳士がちゃきちゃきと働く姿が見えた。ひがしさんに紹介してもらい、中に入っていくと、その紳士は糸1本1本にロウをひいていた。そうして糸を強くするのだという。服作りに無知なボクに、大塚さんの仕事の細かさを友人は丁寧に説いてくれる。

「カッコよくなきゃ駄目なんだよー！」と大塚さんは声をひと回り大きくして言った。すぐに「カッコよい」を「格好が良い」と頭の中で変換させる。ここはテーラー、つまり着丈や身幅などが重要で、だから、そんなセリフが至極似合う場所なんだと一度は納得をした。

戦争で焼け残った話、おやじさんが持ってきた一枚板の作業台の話、修業時代を住み込みで過ごした話、そんな貴重な話をうかがいつつも、先ほどのセリフ「カッコよくなきゃ駄目なんだよー！」が頭から離れない。ボクはどうも「カッコいいだけでは、カッコ悪い」という価値観に慣れ親しみすぎているのかもしれない。先輩のあまりに迷いのない一喝に、ボクのこれまでの価値観がグラリと揺れる。

【ほんのつけたし】お店のウインドウを覗き込むと時代に流されない着こなしをした先輩が働いていた。こんなふうに自分に自信を持って堂々と働きたいものだと思った。

大塚忠雄（おおつか・ただお）『テーラー大塚』店主。１９４５年生まれ。祖父母の代から続く、浅草橋のカスタムオーダーの洋服店に生まれる。19歳のときに、東京都洋服商工協同組合の技術講師・佃鶴三郎氏の門下生となる。数年の修業の後、さらに服装や営業の修業へ出る。１９８０年、家業を継ぐ。

2012年３月19日　浅草橋にて

浅井愼平

写真家

下北沢にある浅井先輩の事務所は、名前を「バーズ・スタジオ」という。さまざまな人間が出入りする様子を、鳥小屋に集まる多様な森に例えたものだ。

1970年代の話、当時原宿のセントラルアパートにあったバーズ・スタジオに、ボクの父も机を置かせてもらっていた1羽の鳥であった。そんな父を訪ね、小学校に入りたてのボクは何度か事務所を訪れていた。

表参道と明治通りの角にあるロッテリアの大きな看板を見ると、大都会に来たんだと少年だったボクは胸を躍らせていた。セントラルアパートの中庭は薄暗くて静かだったけど、音の響き方が変わっていて小さいボクにはまるで異国のようだった。そこで浅井先輩に会った記憶はないのだけど、中庭に立って吹き抜けになっているビルを見上げた風景をよく憶えている。父とはそこでよく待ち合わせて、神宮球場や後楽園球場に野球を観にいった。

ほぼ30年ぶりにバーズ・スタジオを訪れると、先輩のマネージャーさんから「あら、あなたそんなに大きくならなかったのねー」と言われる。骨太で丸々していたから、相撲取りか野球選手にでもなったとでも思ったのだろうか。いえ、ボクはカメラマンになりました。先輩と同じ職業です。

同じ職業の大先輩だからこそ、聞いてみたいことがある。どんなことに重点を置いてこれまで仕事をしてきたのか、そして何が「カッコいい」ことなのかを。

しかし「タロくんはこの連載で何がしたいの?」と逆

に質問され、ボクはあわてて意図を告げる。すると先輩から湯水のように言葉が溢れてきた。その言葉のどこをとっても、同業の後輩として、いち男子としてボクは深くうなずくばかりだった。

まず先輩が口にしたのは「ちゃんとこなす」ということ。偉くなることがカッコいいことではなく、自分の立場でできることを進んで全うするということ。つまり、社会の中での自分の役割を分かっているということ。そこにはパブリックという意識があって、空間の共有という概念がある。自分は人から見た風景の一部であるということを意識することだ。そうやって立ち居振る舞いが決まり、ファションが決まってきたと。

自分が風景の一部になる。その風景にふさわしい自分になる。ボクはなんとなく、セントラルアパートメントの中庭からビルの吹き抜けを望む風景を思い出していた。たくさんの表現者たちがあのビルに拠点を構えた理由が分かった気がした。

ふだんぼんやりと頭の中で感じていることを、先輩は次々と見事な言葉にしてくれる、不思議なマジックショウだ。野暮な質問をしたものだ。カッコいいのは他でもない、この取材において、自分の役割をいち早く察知し、先輩として惜しげもなく考えを聞かせてくれる、浅井先輩そのものではないか。

【ほんのつけたし】自分が年を重ねたときにどうなっているのか。同じ職業の先輩に会えば、なおさらそのことを思い浮かべる。下北沢の狭い路地をすいすいと歩く先輩の後ろ姿に、ふと自分を見たような気がした。

浅井愼平（あさい・しんぺい）写真家。1937年生まれ。66年に写真集『ビートルズ東京』でデビュー。『気分はビートルズ』『カメラはスポーツだ――フットワークの写真術』など70年代に手がけた著書は、シティボーイの色褪せない名著である。ファションブランド〈VAN JACKET〉のカタログやポスターなど流行を撮り続けた一方で、詩や俳句、テレビ出演など活動は多方面にわたる。

2012年５月11日　下北沢にて

柚木沙弥郎

染色作家

先輩の住まいは、ボクがよく通る抜け道にあった。いつもの抜け道を登り、指定の住所に到着すると、車の音を察した先輩が車庫まで誘導にやってきてくれた。とてもハッキリとした黒地に白ストライプのシャツがぼんやりとした朝をキリっとさせた。

「昨日ね、ファッションショーやったのね、ひとりで。今日どんな服を着ようかと思ってね」

上着を着ようかと思ったけど、部屋の中で上着を着たのでは格好悪いので、このストライプのシャツにしたのだそうだ。

「表参道にね、マリメッコあるでしょ、そこにふらっと入ってね、いい柄のがあったら買うの。なかなかいいのはないね」

御年90歳の大先輩である。

家に上がらせてもらうと、都心の抜け道の雰囲気は一変した。世界各国の民芸品が雑然と、しかし上品に陳列してある様は、一昨年に訪れた、ニューメキシコ州のフォークアートミュージアムを思い起こさせた。ボクは民藝を語るほど、博識ではない。でも民藝が、日の当たらなかった無名のモノに着目し、生活の中から生まれてきたモノの中に美を見出す、という意味があるのなら、日々、庶民として密やかに生活しているボクにとっても共感する部分が大きいのだ。

戦後、染色家の芹沢銈介のもとに弟子入りし、型染めの技法を学び、さまざまな展示を積み重ね、大学での教鞭をふるってきた柚木さん。80歳を越えてからパリで個展を開くなど、染色家の大家であるが、その経歴とは裏腹の柔らかな物腰が、ボクら後輩をそっと包み込み、安心させてくれる。柚木さんから漂う、リラックスしたムード、それこそがボクらの憧れであって、将来ボクらも発信したい波長であるわけだ。

ボクは先輩から「歳をとる」ということが、どうゆうことなのか聞き出そうとしていた。ボクらは潜在的に歳をとることを恐れている。なにかそれは残念なことであって、できれば歳はとりたくないと思っている。

「君たち子どもはいるの？　子どもは3歳までだね、その後はもう別の人間。本当にやりたいことができるのは、働き盛りを過ぎ、女房子どもも手が離れた後ですよ。歳をとれば自然とやるべきことがハッキリしてくるから」

それはまるで、歳をとることに対して、焦っている若輩者をたしなめるような口調だった。いや、歳をとることだけではなく、何か表現や仕事を完成させることに焦っているボクらに対しての、一生活者からの現実的なアドバイスだった。

自宅をあとにして、一緒に商店街の魚屋に昼定食を食べにいった。取材陣のボクらは刺身定食。先輩はブリの唐揚げに焼きたらこ。「あらやだ、先生が一番若いじゃないの！」と女将さんが言った。

【ほんのつけたし】この取材をきっかけにして先輩の仕事を目にすることが多くなりました。これまでの仕事はもちろんのこと、この2〜3年のご活躍にも刺激を受ける一方であります。

柚木沙弥郎（ゆのき・さみろう）染色作家。１９２２年生まれ。１９４２年東京帝国大学文学部美学美術史学科に入学するも、翌年に学徒出陣。復員後、大原美術館（倉敷）に勤務する。そこで民藝と出合い、芹沢銈介のすすめで染色の道へ進む。１９５０年からは女子美術大学の講師となり、教授、学長を歴任。『柚木沙弥郎作品集』（用美社）のほか、『そしたらそしたら』『トコとグーグーとキキ』など、多数の絵本の挿絵も手掛けている。
http://www.samiro.net/

2012年6月4日　渋谷の自邸にて

浅葉克己

アートディレクター

「おいしい生活」というコピーを知っているだろうか？俳優ウッディー・アレンが筆で書いた文字を掲げている西武百貨店のポスター（1982年）だ。ウッディー・アレンという配役、絶妙に見切れている水屋箪笥と火鉢、なんともほのぼのする書体。すべてが心地良い。現代においても「おいしい生活」の意味は変わってきているのだろうけど、ひと目で「あ、いいね」と思ってしまう、この名作のコピーは糸井重里氏、デザインは浅葉克己先輩によるものである。

金色の扉をくぐり抜けるとすぐに「おいしい生活」の書が目に飛び込んでくる。手前を左に折れると、一段下がった空間に先輩の部屋があった。無数の紙で覆いつくされ、コンピュータは見当たらない。紙の匂いと、澄んだ炭の匂いが混ざっている。ストローハットを被り、ボウタイを結んだ浅葉先輩が涼しげにデスクの席に座っていた。

「書はいいよね、書いているときに何も音がしないんだから。無になる至福の時間だね。鉛筆だって、ボールペンだって音がする。筆は動きが自由だからね、どんなふうにも動く。だからこれを自由に使いこなせたら、無限の可能性が広がっていると思うんだ」

そう言って、手元にある文字を紙に写しはじめた。この「臨書」を20年来続けているようだ。

そして、おもむろに机の端にあった袋から1964年製の「ワイドラックス」というパノラマカメラをとりだし、先輩はボクら取材陣を撮影し始めた。

「このカメラでね、もうずっと写真撮ってるの、コンタクトシートなんてこんな（手を広げる）あるよ。でも一度も発表していない」

撮影に来たボクらは突然立場が逆転し、戸惑った情けない表情だったに違いない。そうやって不意打ちを狙っているようだった。

事務所の扉は金色であった。浅葉先輩の靴は赤かった。ドイツのバウハウスでの展示が控えていた。卓球を愛していた。服は90％イッセイミヤケだった。10％はコムデギャルソンだった。使い終えたボールペンの芯の束があった。字がきれいだった。寝るのが嫌いで、合宿が好きだった。一度だけすごい早さで動いた。何でもやるよと言ってくれた。派手だけど、誰よりも落ち着いていた。

ボクたちが先輩たちから学ぼうとしていること。そのうちのひとつが時間の蓄積だ。先輩たちの歩いてきた道の距離や、重ねてきた時間の合計に、ボクら若輩者は安心し、憧れを抱く。そして「今」という時間、この場所で、先輩の最先端を共有していることに気が付き、静かに胸が躍るのだ。


【ほんのつけたし】どうみても通気性の悪そうな金ピカのイッセイミヤケのジャケットをお気に入りで着ている先輩。事務所の玄関も金ピカ。だけど嫌な感じがまったくないのも先輩のなせる業。

浅葉克己（あさば・かつみ）アートディレクター。１９４０年生まれ。佐藤敬之輔タイポグラフィ研究所を経て、ライトパブリシティに入社。75年に浅葉克己デザイン室を設立し、サントリー、西武百貨店、武田薬品をはじめ、数多くの広告デザインを手掛ける。87年「東京タイプディレクターズクラブ」を発足。２００９年、ＡＤＣグランプリ受賞。日本グラフィックデザイナー協会会長、桑沢デザイン研究所所長。卓球六段。書道を愛する。
http://www.asaba-design.com/

一月
18日
イノリヲコメテ
チコリ。
一月
22日

2012年７月12日　青山の事務所にて

安西水丸

イラストレーター

真夏の真っ盛りである。取材が始まるまでに時間があったので、近くの本屋を物色し、先輩もこうしてここに来るのであろうなと想像する。本を2冊買った。店主と話していると、どうやら店主は水丸先輩とお知り合いらしい。今から取材をする旨を伝えると、よろしくお伝えくださいとのことだった。

本屋から歩いて3分のところに先輩の仕事場はあった。紺のジャケットでさっそうと登場した安西水丸先輩はなぜかとてもニコニコしている。名刺を先輩のほうから差し出してくれる。はじめて会ったのに、ズカズカと仕事場にあがりこんでいるのに、とても気分が楽になった。

こんな暑い日にもかかわらず、先輩は紺のジャケットを着て、足下はモカシンを履いていた。ジャケットの中にはシャツ、その下にヘンリーネックを着ている。

「電通のね、就職試験の面接のとき、試験官がまず僕に質問したのは『その靴はどこで買ったんだい？』だったのね、そのときはね、VANのチャコールグレーのサマースーツに茶色のウィングチップを履いていたの」

入社試験ということは、おそらく20代前半であるはず。オシャレである。

「オシャレっていうのは意識していないな、必要に応じて、当たり前のものを着るだけ。例えばね、昔、外国帰りの友人を訪ねたとき、玄関から一度外に出た友人が、寒いなーとダッフルコートを玄関に取りに戻り、バサッと羽織るわけ。それを見て、なんてこの人はカッコいいのだろう！と思ったんだよね、そうゆうこと」

その状況に応じて、ふさわしい格好を、自然とできること。これが先輩にとって「オシャレ」とはちょっと違う、大事なことであるようだ。さて、ボクはといえば、襟元に洗濯時の色移りのあるTシャツ一丁で来てしまい、急いで反省をしなくてはいけなかった。

電通を20代後半で退社した安西先輩は、ニューヨークへと向かった。1969年のことだ。すぐに新聞の求人広告でデザイナー募集を見つけ、就職する。しかし、ニューヨークでの2年間を終え、マンハッタンを去るときに浮かんだ言葉は「二度と来るか！」だった。ウッドストックでジャニス・ジョプリンを聴いたし、グリニッジ・ヴィレッジのジャズクラブでマイルス・デイヴィスやエルヴィン・ジョーンズとお喋りもした。ボクからしたら、うらやましい話ばかりであるが、先輩にとっては、その後の自分のための布石だったようだ。あくまでイラストレーターになりたかった先輩は、そうなるまでの間、そうやって積極的に経験を積んだのである。流れに身を任せるボクにとって、またもや急いで反省をしなくてはいけない状況となってしまった。

そして最後に、先輩からのプレゼントはとても恐縮で、とても重い一撃だった。

「君、蟹座？　僕はそうなんだけどね、蟹座はね、同じことを続けるのが得意なんだよ。誕生日いつ？　7日？　それじゃあ蟹ちゅうの蟹だね。君、将来日本を代表するカメラマンになるんじゃないの？　そんな気がするよ」

え！　そんな！　なんで⁉　どうしよう！

【ほんのつけたし】もっとお話を聞きたかったたし、お酒を飲みに連れていってもらうことも叶わなかった。いただいた言葉を大切に胸に刻んで、ご冥福をお祈りいたします。

安西水丸（あんざい・みずまる）1942―2014年。日本大学芸術学部美術学科卒業。電通、ニューヨークのADAC、平凡社でアートディレクターを務めた後、38歳のときフリーのイラストレーターとなる。その後、小説、翻訳、エッセイなど多岐に活動した。

2012年8月17日　青山の事務所にて

柳生 博

俳優／日本野鳥の会会長

ふとつけたテレビで、何かの再現ドラマをやっていた。ストーリーの面白さに引きずり込まれ、ずるずると終いまで観てしまうと、最後には涙を流して、すっかり感情移入してしまった。

　それは、俳優で「日本野鳥の会」会長である柳生博さんの少年のときの話だった。13歳になったとき、柳生家のならわしで、ひとり旅に出された博少年は、茨城県の霞ヶ浦をあとに、電車に乗った。何度も野宿をくりかえし、辿り着いた先は八ヶ岳の雑木林だった。そこで出会った青年の小屋に泊めてもらうこととなり、博少年はしばらくその小屋で過ごすこととなった。博少年は、青年の作業を手伝った。雑木林のなかで、どう暮らすか。林をどう手入れして、人間が暮らせるように、どう付き合っていくのか。大冒険を終わらせた少年は、ひと回りも、ふた回りも大きくなって家に帰っていった。

　少年の成長物語にめっぽう弱いボクの涙腺を刺激するには充分すぎる実話だった。

　39歳のとき、突然売れた。ＮＨＫの朝の連続テレビ小説『いちばん星』に出演したのをきっかけに、どんどん仕事が舞い込んだ。年間４００本以上のドラマに出演した。急に忙しくなり売れっ子になった先輩は、同時に何かが壊れていくことも感じていた。バランスが崩れそうだった。

「友だちもいなくなるし、家族もおかしくなりそうだった」

　そんなときに、八ヶ岳に雑木林の土地を持った。先輩は通った。東京での仕事をこなし、時間を見つけては車を八ヶ岳へ走らせた。まだ高速道路などない時代だ。

「40代は体力的には無茶できるからね、もう凄い距離を行ったり来たりしていたよ。四輪駆動の車に、いつもスーツとタキシードを積んでいてね」

そこで先輩がしたことは、ひとりでひたすら野良仕事をすること。どの木が必要で、どの木を間伐するべきか、この雑木林を、気持ちのよい健全な林にするにはどうしたらいいか。そうやって何年もの野良仕事を経て「機嫌のよい雑木林」へと変えていったのだ。それは、林だけではなく、先輩自身も「機嫌のよい人間」に戻していく、あの頃の博少年を取り戻す、重要な作業だったのではないかとボクは思うのである。

そうやって、作りあげた機嫌のよい雑木林に、今では多数の人が訪れるようになった。食事もとることができるし、作家ものの作品を扱うギャラリーもある。子どもたちが遊べる小屋もある。そして何より、気持ちのよい、明るい林を機嫌のよい人たちが散策し、鳥の声に耳を傾けている。訪れた老若男女が柳生先輩に気さくに話しかける。先輩もノコギリと剪定ハサミを片手に、丁寧に答えている。

夕方になり、ハサミを冷えたビールに持ちかえ、さらに機嫌のよくなった先輩に手を振りながら、ボクも柳生先輩の林を散策するとしよう。ボクにとっての野良仕事とは何だろうかと考えながら。

【ほんのつけたし】あれから八ヶ岳が気に入ってしまい、何度もあのエリアに足を運んでいる。やはり標高1500メートルくらいがいいですかね？　頭がしゃきっとしますね。

柳生博（やぎゅう・ひろし）俳優、日本野鳥の会会長。1937年生まれ。劇団俳優座の養成所に入所し、61年、映画『あれが港の灯だ』でデビュー。映画、ドラマの出演作多数。『100万円クイズハンター』の司会や『生きもの地球紀行』のナレーションなど、長寿番組の顔としても活躍。70年代から八ヶ岳に通い、89年に『八ヶ岳倶楽部』をオープン。http://www.yatsugatake-club.com/

2012年8月20日　八ヶ岳倶楽部にて

阿部 勤

建築家

会ってすぐ、「ああ、この人はボクの先輩だな」と思う瞬間がある。何かを教わったとか、まえから憧れていたとかは関係がない。それは不確かな勘のようなものであるけれど、意外と正しいことが多い。

以前に某雑誌の取材で、阿部さんのお宅を訪問した。しかし、ボクは建築に詳しいわけでもないから、阿部さんが建築界でどんな活躍をしているかも知らない。出迎えてくれた阿部さんは玄関先の駐車場で、冬なのに、白いTシャツにデニム、ビーチサンダルで、ランドローバーディフェンダーを颯爽と操作していた。ボクの中の興味がムクムクと動き出したのを感じた。

取材も後半になると、チーズを削りはじめた阿部さん。何やら大きな肉の塊も焼きはじめた。そして流れの中で自然とチーズフォンデュとステーキの宴が始まった。先ほどまでテープレコーダーを回していた取材陣もスムーズに台所仕事の手伝いに移行し、昼間からワインを空けた。

「中心のある家」として有名な阿部さん自邸。コンクリートと木の組み合わせが、モダン過ぎず、暖か過ぎず。どんな時代や、どんな場所の調度品も程良く馴染んでいる。

ル・コルビュジエに師事した坂倉準三の事務所に入所。その間にタイに学校を25校建設するために長期に渡り現地に滞在した。そういえば、この自邸もほのかにアジアの気持ち良さを感じることができる。中心にひとつの部屋があり、その部屋を囲う回廊部分も居住スペースになっている。したがって、建物は真四角であり、7・7メートル×7・7メートルとなっている。ふと、もしかしてと思い尋ねると、その数字の由来は先輩の誕生日からであった。ということは、阿部さんはボクと同じ誕生日の大先輩であったのだ。

阿部さんの家には、面白いものがたくさんある。万華鏡、ジャンベ、ドラムセット、インゴ・マウラーのキャンベルスープ照明、丸いぴかぴかの石、メキシコのハンモック各種、手製パチンコに使えるかもしれない枝、小川待子さんの陶器、金属製のサンダル、絨毯が貼ってあるスケボー、坂倉準三が置いていった定規。それらをひとつずつ丁寧に説明してくれる。「これ、面白いでしょう？」と。今回の取材に同行した編集者にもひとつずつ説明している。

ボクはもう三度目だから、陽だまりになっている泥染のソファーに横たわって心地良く聞くとしよう。消えゆく意識の中で、ふと思う。ボクはこうして年を重ねていけるだろうかと。つねに興味を切らすことなく、そしてそれを人に伝えることをやめない先輩になれるだろうかと。

さあ、今回も昼食の準備が始まった。どうやら今日はしゃぶしゃぶのようだ。

【ほんのつけたし】以前にプレゼントした先輩の家の写真が、壁に飾られていて嬉しかった。今でも飾ってくれているといいな。確かめにいく口実を作らないと……。

阿部勤（あべ・つとむ）建築家、アルテック代表取締役。1936年生まれ。60年、早稲田大学第一理工学部建築科を卒業後、坂倉準三建築事務所へ入所。66年より5年間、タイ文部省の要請により、現地で高校や大学、合計25校の設計監理を行う。75年、建築家・室伏次郎と『アルテック建築研究所』を設立。84年に現事務所『アルテック』設立。http://abeartec.com/

2012年10月4日　自邸（中心のある家）にて

高橋悠治

作曲家／ピアニスト

子どもの頃に、両親の友人らと触れあうことがある。子どもにとって、その大人たちは親戚の大人とも違い、街ですれ違う大人たちとも違う。知らないようで知っている大人。ときには、坊主頭をグリグリされるので嫌だなと思ったり、ときには、子ども扱いされないことを嬉しく思ったり。両親にも親戚にもいないような雰囲気を持った大人たち。未知で不思議で異物感を覚える。両親の友人たちに出会うことは、子どもにとって最初に訪れる社会の入口のひとつなのかもしれない。いつも、両親の友人たちは夜の街にいたり、テーブルを囲んでいて、真ん中にある電球のせいで逆光だ。子どものボクの背が低かったからかもしれない。

そのようにして、ボクは悠治さんを30年以上前から知っている。でもボクは本当の悠治さんのことはよく知らない。この取材にあたり、資料を読み知ったことのほうが遥かに多い。悠治さんが１９６０年代にベルリンやニューヨークで活動していたことや、論理的で刺激に満ちた文章を書いていることや。でもいい。三十数年前、子どもだったボクが抱いた悠治さんの印象と、いま悠治さんに抱いている印象が変わらないこと、そのことのほうが重要だ。

子どもの頃の記憶。悠治さんのことは大人だと思っていなかった。とはいえ、子どもの仲間とも思っていなかった。どちらにも判断せず、そのままにしていた。でも他の大人たちとは違うと思っていた。いつも少しだけ離れたところに立っていたし、服装も少しみんなと違っていた。たぶん何かが特別なんだと思っていた。そして、この取材をキッカケにして、悠治さんに迫るわけでもなく、新しい関係になることもないだろう。子どもなりに受けた印象や、感じた雰囲気は案外間違ってはいない。その印象や雰囲気を知っているということは、財産だと思う。

　高橋悠治のホームページを開いてウェブサイト「水牛」に寄せた文章のアーカイヴページに行きつくと、「ダウンロード、転送、引用は自由」と書いてある。さすがである。ならば早速引用しよう。

　どのみち「みんなのため」はだれのためでもない
抽象的な権力に奉仕するだけだ　多数の独裁にまと
もに抵抗することよりは　選ばれなかった「少数」
が分散し　多彩な活動をつづける可能性に賭ける。
（水牛連載「キーボードの演奏」２０１０年より）

この文章を打ち直していてドキドキしてしまった。

【ほんのつけたし】最近、悠治さんのツイッターをフォローしました。哲学的で思慮深い、だけど近年の政治問題にもハッキリとものを言う悠治さん。憧れです。

高橋悠治（たかはし・ゆうじ）作曲家、ピアニスト。1938年生まれ。60年、ピアニストとしてデビュー。63年にベルリンに渡り、ヤニス・クセナキスに師事し欧州各地で演奏活動を行う。66年にニューヨークへ移り、コンピュータを使った作曲を始める。72年帰国。武満徹らと作曲家グループ「トランソニック」を結成。78〜85年にアジアの抵抗歌を紹介する「水牛楽団」を組織。月刊誌『水牛通信』を１００号発行。作品集や著書多数。
http://www.suigyu.com/yuji/

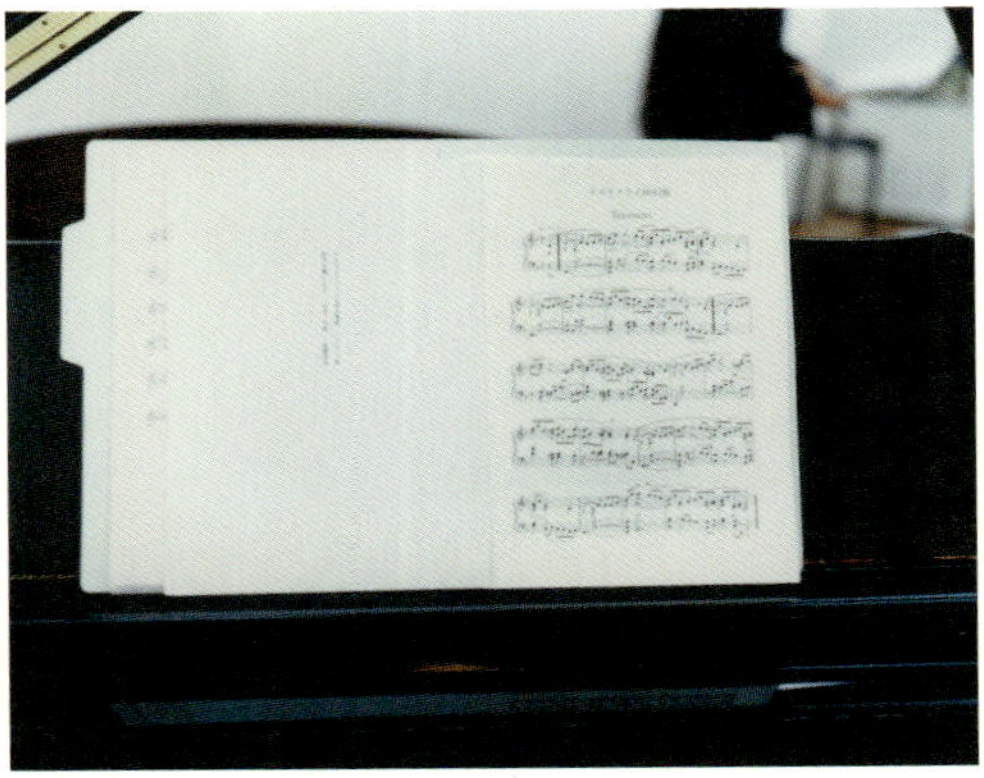

2012年10月８日　スタジオイワトにて

木滑良久

マガジンハウス最高顧問

自由を教育方針に掲げていた私立学校に幼稚園から高校まで受験もなく通い、その後、個性的で変な人ばかりいる美術大学に通うことになったボクは、もう社会でバリバリ働くことなど到底無理という人間に仕上がるはずだった。

スケートボードばかりやっていて、撮りはじめた写真もスケーターの写真かくだらないスナップ写真。そんなボクに仕事をくれて、はじめて写真をカラーで載せてくれた一般誌が『リラックス』だった。それがマガジンハウスとの出会い。ボクのような就職したこともなければ、人付き合いがうまいほうでもない無口な人間が、こうして連載を担当したり、マガジンハウスのいろいろな雑誌で仕事をさせてもらっていることに、感謝と同時に不思議さも感じているのだ。

今回の先輩はそのマガジンハウスの木滑良久さん。この『ポパイ』(「ボクと先輩」を連載していた)を発行している会社の最高顧問である。会社にとって手前味噌なのかもしれないが、どうしても、マガジンハウスの最高顧問に取材をしなくてはこの連載は終われない。

1930年東京生まれ。83歳(当時)。平凡出版(のちにマガジンハウスとなる)に入社し、『平凡パンチ』『アンアン』の編集長を歴任する。アメリカのライフスタイルを紹介した『メイドインUSAカタログ』を出版し、その後、『ポパイ』『ブルータス』『オリーブ』などを創刊。マガジンハウスの社長、会長を経て、現職の最高顧問に就く、という凄い人なのだ。

社長室の前にあるちょこんとした一角に木滑先輩の机はあった。最高顧問という物々しい肩書きとは似つかわしくない佇まい。そして、「やあ、元気？　どうしたらいい？　モウロクって字、書ける？　書けないでしょ、だからね、コレ、耄碌手帳っていうの」と言って、気になったことなどを書き留めたり、切り抜きをコラージュした手帳を見せてくれた。そこには渡辺貞男のコラージュがあったと思えば、プロゴルファーの木戸愛の切り抜きもあり、クリント・イーストウッドとは同い年なんだよと。

その後の話も、現在の世の中のこと、昔のこと、これからのことを次々と話してくれる。その事柄にどこかつねに「並列感」がある。そしてどの事柄に対しても、良いところを見つけ出して褒めるので話がとても軽やかなのだ。これこそが雑誌の編集者気質というのだろうか、気にしている範囲がとても広く、どのことに関しても決めつけがない。

「20歳過ぎたら、みんな同い年だからさ」と言う大先輩に、タメ口で話してしまいそうになるのを必死で堪えながら、「この人がマガジンハウスなんだな、ボクみたいなはみだし者でも仲間に入れてくれるのはこの人がいるからなんだ」、そんなことを考えていた。

【ほんのつけたし】「じゃあ行こうか」と取材のあとに連れていってくれたレストラン美味かったなあ。本願寺をダッフルコートで闊歩する先輩も格好よかったけど、歩くのが早すぎてうまく撮れなかった。

木滑良久（きなめり・よしひさ）マガジンハウス最高顧問。1930年生まれ。立教大学文学部を卒業後、54年、平凡出版（現マガジンハウス）に入社し、『週刊平凡』『平凡パンチ』『アンアン』の編集長となる。平凡企画センター時代に『メイドインUSAカタログ』を出版。平凡出版に戻り76年に『ポパイ』を創刊、初代編集長となる。のちに『ブルータス』編集長、『オリーブ』『ハナコ』の創刊に関わる。『クウネル』の名付け親でもある。

MARINIER
LA PETITE FEMME DE LOTH

2012年12月６日　マガジンハウスにて

浜田哲生

プロデュース・センター
代表取締役

小学校も高学年になると、聴く音楽も変わってくる。今まではテレビの歌謡界にどっぷりだったのが、急に外国の音楽が気になり始めたりする。物心ついて、まず聴くもの、それがビートルズだったということは案外多いことだと思う。ボクもご多分に洩れずビートルズを聴いた。まずは「プリーズ・プリーズ・ミー」あたりの軽快なメロディーから、やがてはジョン・レノンのソロまで。ジョン・レノンは思春期のボクの心にスッと入ってきて、写真を撮るときのポーズではない、「ピース」を教えてくれた。

「高校3年生の春休みの気分わかる？　何かから解き放たれた気分。あの気分が、今も底流でずーっと続いているんだよ」

浜田青年は、高校を卒業してから浪人暮らし、その後、大学はバリケードで封鎖されていた。それならば自分の居場所「街の大学」を作るしかないと思った浜田青年は、友人たちと一軒の家を借りることにした。それが「アップルハウス」という一軒家。１９６８年、浜田青年が22歳のときだ。

映画『ア・ハード・デイズ・ナイト』でビートルズに興味を持った浜田先輩は、ビートルズのファンクラブを発足。アイドル時代を終えたビートルズは、国内ではファンクラブが消滅していた。ビートルズの映画の上映会には１０００人が、ジョンとヨーコの呼びかけに応えて開いた平和集会には３０００人が詰めかけた。アップルハウスは、その存在は口コミで広がり、ビートルズファン、映画や演劇青年、作家の卵、はたまた家出少年までつねに誰かが出入りするような場所になっていった。いわゆるコミューンのような、共同生活が5年間続いた。79年にはプロデュース・センターを発足、現在はオノ・ヨーコの日本代理人であり、毎年行われ今年（２０１３年）で13回目を数える『ドリーム・パワー ジョンレノンスーパー・ライヴ』を主宰している。このコンサートはジョンの歌を「歌い継ぐ」こと、世界の子どもたちに学校を贈ることが目的だ。今までに建てた学校は28カ国に１２０校を越える。

高校生3年生の春休み、何の進路も決まっていない、行く大学もない。このことを先輩のように希望と捉えるか、絶望だと捉えるかはその人次第だ。とかく現代では絶望と捉える人も少なくはないと思う。大学にバリケードが張られていたあの時代と、毎週のように脱原発デモが行われている今の時代は、同じではないが少し共通点があるのかもしれない。居場所がないのだったら、自分で作る。

「この『今』という時は、過去から来てると考えるのが普通だけれど、未来からやって来ると考えることもできる。未来の自分をイメージして『今』の自分を決めていく。つまりイマジンだよね」

浜田先輩とジョンの言葉は中年のボクの心にもスッと入ってくる。

【ほんのつけたし】ボクが運営している小さなギャラリーへ通りがかりに入ってきた先輩は、若かった頃のアップルハウスの話をしてくれた。きっと思い出したんだと思う。ボクはそのことが嬉しかったのだ。

浜田哲生（はまだ・てつお）プロデュース・センター代表取締役。１９４６年生まれ。66年、「ザ・ビートルズ・シネ・クラブ」（現「ザ・ビートルズ・クラブ」）を発足。68年、「アップルハウス」を開く。79年に「プロデュース・センター」を設立する。

YOKO ONO
FROM MY WINDOW

2013年１月15日　プロデュース・センターにて

渡辺捷治

自転車ビルダー

数年前の話。最後のストリートカルチャーとして空前のブーム（と言っていいのだろう）を巻き起こしたピストバイクムーブメント。かく言うボクも、ブームに乗せられたひとりだったのだろう。スケートボードをストリートで乗っているのに、ピストに乗るのを体験しないなんて！　と言われ、半強制的に手にした1台目。そこから一気にハマった理由はいくつもあるけど、ボクにはみんなと違う理由がひとつある。

ボクは小学生の頃、父と釣りによく出掛けた。ときには金曜日の学校を休み、遠征に出ることもあった。大人たちに混ざって大会に出たり、父とふたりきりで山奥のダムにボートを浮かべたりした。そこにいるのはいつもオジサンたちだ。実にバラエティーに富んだオジサンたち。豪快で笑い声の大きいオジサン。いつもひとりで大人しそうなオジサン。缶コーヒーを差し入れてくれるオジサン。どこか清潔感を感じるオジサン。モツ煮の味も釣宿でおぼえた。次第に少年ボクはオジサンの世界に馴染んでいった。

話は戻ってピストの話。ピストという乗り物は、自転車の中で最もシンプルな構造で、部品が少ない。なので、修理が他の自転車よりも簡単だし、少ない工具でできるし、ロードバイクと比べ安価である。と言う理由もあって、世界中のメッセンジャーたちが愛用している。日本は競輪というギャンブルが成立している珍しい国なので、競輪選手が使い古した自転車（ピスト）が世に出回る。ニューヨークやサンフランシスコのメッセンジャーの自転車を見ると、フレームにNAGASAWAとかWATANABEとか書いてあるのを発見する。こんな痛快なことはない。ピストブームの背景には実は「競輪」という日本のオジサン文化があるのだ。そう、ボクが慣れ親しんだオジサン文化が。

埼玉県八潮に今年（2013年）で50周年を迎えた渡辺捷治製作所を訪ねた。渡辺さんは競輪フレームはもちろん、一般のお客さんに対しても、そのお客さんの乗り方に合わせて、走りが楽しくなる自転車を相談しながら製作してくれる。一途なクラフツマンであり生粋のサイクリストだ。渡辺さんの自転車フレームは、体格、乗り方、技量に合わせたオーダーメイドで、話し合いから始まる。クロモリという鉄のパイプを絶妙な角度で接合していくのだが、その接合の仕方や角度が1度2度違うだけで、繊細な競輪選手は乗り味の違いに気が付くという。

「50年作ってきて、分かったこと。それは、自分にはできないことがあるってこと」と渡辺さんは言う。安くていいものを作りたいが、どうしても手を抜けない工程だから、自分ひとりでやっている以上、値段を下げるのは無理だと言う。「でもね、分かったこと、もうひとつあるよ、70年作ったら、今よりもっといいものができる。これはハッキリ分かる」。50年作ってきたからこそ言える厚い言葉。

目下のボクの目標。渡辺さんとケンケンガクガクのやりとりを経て、乗って楽しい、美しい自転車を作ってもらうことだ。たまには缶コーヒーを差し入れながら。

【ほんのつけたし】目標はいまだに達成しておらず、目下頭の中だけの話なのだが、実は中古で先輩製作のフレームを手に入れたのである。

渡辺捷治（わたなべ・しょうじ）渡辺捷治製作所・自転車ビルダー。1945年生まれ。高校を卒業した後、18歳から12年間、上野の「東叡社」に勤務し自転車作りを学ぶ。その後、梶原利夫氏に師事、31歳のときにビルダーとして独立する。現在は埼玉県八潮市に作業場を構え、オーダーメイドの自転車（完成車）、フレームの製作、販売、修理を行う。http://sw-watanabe.net/

2013年２月８日　渡辺捷治製作所にて

大林宣彦

映画作家

池袋の小さな映画館で不思議な映画を観た。ドキュメンタリーでファンタジー。少女が美しく描かれ、そして悲しく描かれていた。相反する要素が混在し、ひとつの映画になっていた。

『この空の花―長岡花火物語』は戦争映画だった。監督は大林宣彦。ボクのなかで、大林先輩は『時をかける少女』の監督だ。東宝や松竹といった大手の配給会社の作品を監督する大メジャー監督だ。その監督がなぜ、この小さな映画館でかかるような映画を作っているのだろうか。ボクの興味はまずそこにあった。

笑みを浮かべながら登場した大林先輩に気持ちが軽くなり、席につくと、先輩は自分の幼少期の話から、この映画の話まで、途切れなくお話してくれた。

「子どもの頃ね、尾道に列車が走りはじめたの。うちからはほとんど見えないんだけど、一瞬だけ見えるところがあってね、汽笛が鳴ると走っていってね、もうワクワクしながら待つわけ。いよいよ列車が通ると、ものすごい音に、もうやめてくれーって怖くなって逃げるんだけど、行ってしまうと寂しくてね。また次の列車を待ってた」

そのお話のいずれもが実に映像的であって、色、構図、目線の移動、匂いまで、記憶なのか、記憶からアップデートしたものなのか分からないけれど、ほとんど映画を1本観たかのような不思議な体験だった。映像に生きている大先輩の凄みを感じた。もし今後、大林先輩の自伝的映画が作られるとしたらぜったい観なくてはいけない。

ボクはもう観たけれど。

話をうかがうにつれ、大林監督は映画の本流から実はすこし外れた存在であることが分かってきた。黒澤監督や小津監督のように映画会社に所属した監督ではないこと。助監督を経て監督になるような本筋ではなく、自主映画作家であり、CMディレクターから商業映画に入っていった監督であること。そのため、自分のことは映画監督とは呼ばず、映画作家、アーティストであると自覚している。ボクは勘違いしていた。先輩はメジャーだろうが、そうじゃなかろうが気にしていない。商業映画も否定はしないが、理解されないことも恐れてはいない。そんな形式へのこだわりのなさ、軽やかさこそがボクが憧れる先輩であるし、ボクの興味であった。

戦争を知っている世代が、戦争映画を作ること、あとどれくらいあるだろうか。とても貴重なことに違いない。新潟県中越地震、東日本大震災、原発の問題を経て、作られた映画が、戦争映画であったこと。そのこと自体がまず先輩からの強烈なメッセージであり、ボクたちに渡されたバトンなんじゃないかと思う。

少しぼうっとした頭で池袋の映画館を出て、繁華街を抜けながら考えていた。大林監督に会えるのであれば伝えたいのは、感想とは少し違う、何かお礼に近いような種類の感覚だということを。

【ほんのつけたし】先輩の出世作『HOUSE　ハウス』のポスターが、アメリカのマニアックそうなビデオ屋に貼ってあって驚きました。世界中に影響を与えたカルトムービーなんですね。

大林宣彦（おおばやし・のぶひこ）1938年、広島県尾道市生まれ。3歳のとき、自宅に蔵で出合った活動写真機で映像に興味を持つ。大学時代には8ミリで多くの作品を発表。2000本以上のTVCMを手掛けた後、77年に『HOUSE　ハウス』で劇場映画に進出。尾道を舞台とした『転校生』『時をかける少女』『さびしんぼう』の〝尾道三部作〟や『青春デンデケデケデケ』などのヒット作を生む。

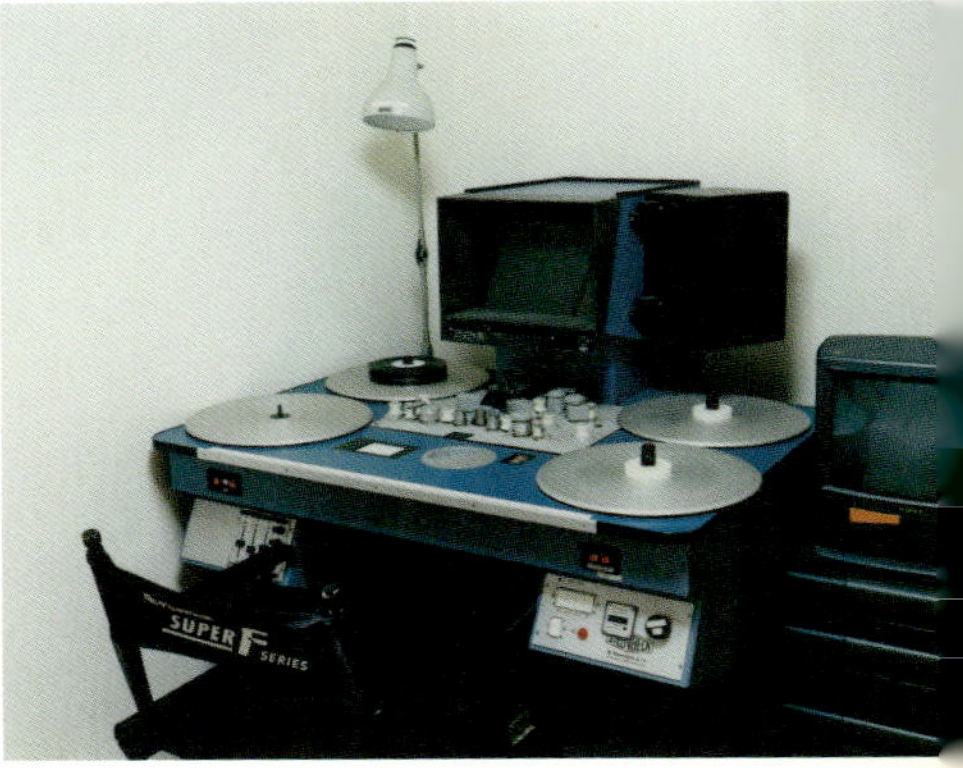

2013年３月13日　成城学園の事務所にて

粉川哲夫

メディア批評家

大学に通っていた頃、好きな授業がひとつあった。粉川哲夫先生が受け持つ「都市論」だ。その授業では大きな教室の照明を全部落とし、引っ張りだされたスクリーンで映画を鑑賞するという授業だ。好きになるのも当たり前だ。しかし、映画を見るだけではもちろんない。そこに描かれた街がどのように描かれているかということを検証し、都市というキーワードで社会を見るのだ。

自分は街が好きなのではないかと、自覚し始めたのもその頃だった。中学生の頃から親しんでいたスケートボード。ただ楽しくて続けていただけなのだが、大学生ともなると意味を付けたがるのだろうか、街の中を利用したスケートボード、つまりストリートスケートには何かあると感じていた。

そんなときに粉川先生の本『都市の使い方』に出合った。本の内容は街中でさまざまな実験をし、その成果をすぐに近くの喫茶店で書き上げるというものだ。たとえば、吉祥寺でまったく意味のないビラ（新聞の切れ端）を配ったらどうなるか、国会議事堂の前でローラースケートに乗ったらどうなるか、神田川をゴムボートで下ったらどうなるか、外国人のフリをして道を尋ねたらどうなるか、思わず笑ってしまう実験を大真面目？　にやっているのだ。

スケートボードこそ出てこないものの、ボクはこれはストリートスケートの街の捉え方、遊び方と大いに類似していると思い、なにか励まされた気持ちになったのだ。全国のストリートスケーターはこの本を読むべきである。

十数年振りだろうか、秋葉原の喫茶店で再会した。黄色いステッチのドクターマーチンを履いた先輩と秋葉原の電気街を歩いた。先輩は東京の渋谷育ち。秋葉原には子どもの頃からラジオの部品を買いに遊びにきていたようだ。その頃、電気街は万世橋より南、神田須田町辺りが中心だったようだが、今では橋を渡ったあたりに移動している。ラジオからコンピュータ、そして家電、オタク、ＡＫＢと変容していく秋葉原はやはり混沌としていて、変化が早い。昔ながらのラジオ部品の市場から、ジャンクなコンピュータを扱うストリートまで、街の変化を感じながら歩いた。

そういえば、「うさん臭い」という言葉を良い意味で使うのも先生に教わったことのひとつだ。眠りこけたラジオパーツ店の店主を横目で見ながら進むと、通路にスパイスの匂いが充満している。ニュージャージー出身だというボクサーの黒人の青年が話しかけてきたと思えば、中古カメラ屋のアラブ人店長が怪しい日本語で接客してくる。先輩もこの「うさん臭い」状況を楽しんでいるように見える。

「これ使えるな」とラジオパーツを手にして街に消えていった先輩。こんどのパフォーマンスで使うのだろうか。ボクも家にはやく帰って、先輩の近著『無縁のメディア』の続きを読みたい。

【ほんのつけたし】撮影の後、写真のセレクトについて先輩から提案をいただき、結局この写真に落ち着きました。その際に飯でも、ということになり、再び秋葉原で待ち合わせて食べた鰻、美味かったな。

粉川哲夫（こがわ・てつお）メディア批評家。１９４１年生まれ。上智大学、早稲田大学で哲学を学ぶ。80年代に小さなＦＭ送信機を用い、インディペンデントな「自由ラジオ」を放送。ミニＦＭブームの寵児となる。84年頃からパフォーマンス・アート活動を開始。和光大学、武蔵野美術大学、東京経済大学の教授を歴任。現在、映画批評は自身の「シネマノート」(http://cinemanote.jp)を中心に。

斉藤電気商会

2013年４月16日　秋葉原にて

ピーター・バラカン

ブロードキャスター

朝起きて、朝ご飯を食べて、あわただしく身支度をし、撮影機材を車に積み込む。ドアを閉め、車のエンジンをかけると、昨日の夜に聴いていたラジオ局から知らない音楽が聞こえてくる。ここで胸がすっと落ち着く。車は走り出すが、なるべく到着まで時間をかけようと、遠回りをしたくなる。

インターFMの朝の看板番組『バラカン・モーニング』を担当するのはご存知ピーター・バラカンさんだ。月曜日から木曜日まで、朝7時から10時まで、放送されている音楽番組。宣伝のための選曲はなく、ピーター先輩のお耳にかなった曲ばかりがかかる。

ボクは毎朝、聴いているというわけではない。録音して毎回聴いているということでもない。あわただしい生活の中で、自然と聴ける時間、周波数を合わせると偶然やっている感じ、不意に心に入ってくる感じがとても心地よいのだ。そして、その瞬間をとても楽しみしている。聴いたことのないリズム、知らない歌声、はじめて聴くその国の音楽。なのに、何でなんだろう、『バラカン・モーニング』で聴くと耳が受け付けてしまう。それはやはり、DJとして、ピーター先輩のなせる業なのだろう。知らなかった音楽も、先輩を通すことで、一段階まろやかに聞こえてくる。

ボクは頭の中で先輩のことを想像しながらその音楽を聴いている。想像は人によってさまざまだが、ボクはいつもピーターさんが座っているブースはこんなで、あんな感じのシャツを着ているだろうと、ぼんやりイメージしている。そして、今回分かったこと、ピーター先輩はこんなトートバックにCDを入れて持ち運んでいた。そして、週末に選んだ1週間分の選曲を、曜日ごとに玄関に置いておくらしい。これは想像できなかった！

ピーター先輩は言う。

「ラジオの場合、ひとりの人に話しかけている感じがある。これはテレビでは起こらないこと」

ボクらがラジオブースをどこかで想像しながら聴いているように、先輩も聴いているボクらを想像している。聴き手と話し手という現実的な場所の間に、想像というもうひとつの空間がラジオには存在する。お互いが見えない、ということが作り出す空間。

去年から1年間『バラカン・モーニング』がなくなったことがあった。にわかに朝が寂しくなった。少し人生がつまらなくなってしまったような気さえした。とある誠実な、好きな音楽しかかけないと断言している正直なDJが醸しだす空間に響いていた音楽が、いかにボクらの朝を豊かにしていたのかを思い知った。しかし、とうとう帰ってきたのだ！　ボクらの朝は救われた！　これからも、落ち着いた語り口と、ブレない選曲でボクらの朝を豊かにしてくれるだろう。

【ほんのつけたし】帰ってきたと思った『バラカン・モーニング』ですが、今これを書いている時点では再び放送されなくなってしまいました。なので朝の元気が半分くらいになってしまっています。再々開を希望します。

ピーター・バラカン　1951年、ロンドン生まれ。ロンドン大学日本語学科卒業後、74年に来日。「シンコー・ミュージック」国際部勤務を経て、80年代にYMOの海外コーディネーションを担当。この頃、番組への出演や執筆活動を開始。TBS『ザ・ポッパーズMTV』や『CBSドキュメント』の司会も懐かしい。

2013年５月14日　InterFM ブース内にて

藤本やすし

「CAP」代表／アートディレクター

ボクが『POOL』という写真集を出したとき、真っ先に連絡をくれたのは藤本さんだった。いま流通しているカバーのついたバージョンではなく、そのまえに写真展会場で売っていた黒い表紙のバージョンを藤本先輩は20冊ほど買ってくれた。まだまだ駆け出しのボクだったが、「CAP」というデザイン事務所の名前は知っていたし、藤本さんの風体も何かの誌面で拝見していた。小さい顔に小さい眼鏡をかけ、髭だらけ、いつもキャップを被っていてスニーカー。オシャレな大先輩である。しかも誠に勝手ではあるが、同じ筋のほう、早い話がアメリカンな感じを受け取っていた。20冊を抱えて事務所を訪ねると、先輩はこの本のことを褒めちぎってくれた、こちらが恥ずかしくなるくらいに。藤本先輩は人を褒める。本人の目の前で。

ボクが雑誌の業界で仕事ができるようになると、出会うデザイナーがことごとくCAP出身であることに気が付く。あの人も、この人も元CAP。どれだけ輩出しているのだろうか。先輩の業界への貢献度がものすごいことは確かである。しかも皆、ちゃんとしている。思い出してみても、皆、なにか共通した「ちゃんとした感じ」がある。先輩はサラっと言う、「CAPは独立する前に数年間所属するようなところだからね」。

事務所をぶらついている様子から受け取る印象では、先輩がビシバシと後輩を指導している様子もない。「みんなフリーランスなんだよね、形態としては」これはある意味、理想かもしれない。先輩はCAPという箱を用意している。そこにCAPを理解したフリーランサーが集まってきて一時期を過ごし、やがてひとりで仕事をするようになる。そういった循環ができているのだろうと思う。

その箱を保っているもの、それは藤本先輩自身に他ならないし、「雑誌が好きである」という思いに他ならない。現在も1940年代の『エスクァイヤ』誌をコツコツと集めているし、『ポパイ』や『ブルータス』が出てきた頃の衝撃や憧れを今でも隠さない。

「アングル・パーキングって知ってる？　当時の『ポパイ』に書いてあるんだけど、衝撃だったねー、斜めに車を駐車するっていう、それだけの意味なんだよ」

当時の『ポパイ』に載っていた横文字を集めた辞書『BOYS AMERICAN NOTES』を作ってしまうほど、『ポパイ』から衝撃を受けていたようだ。撮影中ボクが藤本先輩に質問したのはひとつだけ。

「嬉しい瞬間は？」

「やっぱり、雑誌が出来上がってきたときだね、それが号を重ねて揃ってくるとまたさらに嬉しいね」

憧れを強く持てるということは大きな力だなと、先輩を久し振りに再訪して思う。それと、いいと思ったものは、目の前で褒める。悔しいとか羨ましい、とかを超えて。そうすれば、ボクもなれるかな？　ちゃんとした先輩に。

【ほんのつけたし】ボクは顔が大きいので先輩のようなキャップや小さな眼鏡が似合わない。それが似合うってだけで無条件に憧れてしまう。旅先で、先輩に似合いそうなキャップだなと思うことがある。そうやって集まってきているんだろうな。

藤本やすし（ふじもと・やすし）デザイン集団「CAP」代表。1950年生まれ。73年平凡社に入社し、『太陽』編集部でデザインを担当。8年後、独立し仲間3人と「3HATS」を立ち上げる。83年に「CAP」設立。以降、『スタジオ・ボイス』『ブルータス』など多くの雑誌を手掛ける。96年よりギャラリー『ROCKET』を運営。

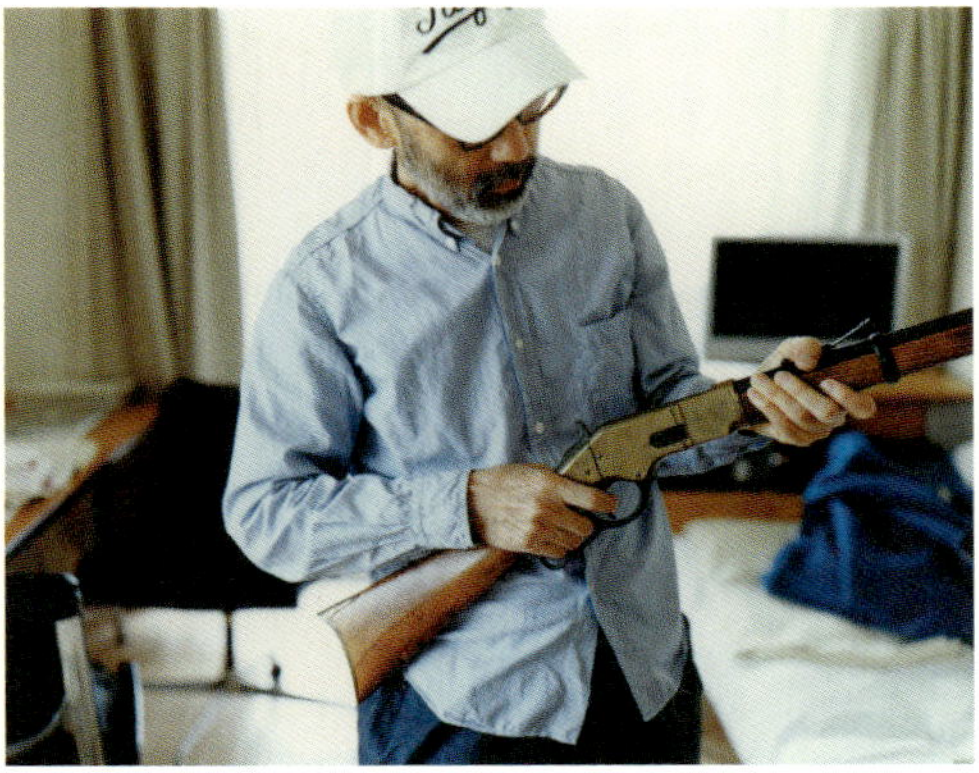

2013年6月7日　青山、「CAP」事務所にて

浅野悦男

農業家／
エコファーム・アサノ代表

とある雑誌で、めずらしく料理の撮影をした。キッチンの横で、料理人が丁寧に下ごしらえするのを見ていると、その野菜がボクの知っている野菜とは少し違うことに気がついた。サイズは小さく、色が濃い。名前がよく分からない。生のままかじって味見をしてみると、味が強く、どこか、野生の味がする。出来上がった料理は肉料理だったが、肉と同等に存在感を放つ野菜にボクは興味を奪われた。

聞くと、ひとりのおじいさんが作った野菜だという。なかなか彼から野菜を仕入れるのは難しく、畑に出向いては顔を出し、認めてもらわないと野菜を分けてもらえないらしい。ますます興味が湧く。

浅野先輩の畑は千葉県八街にある。東京から1時間ほど車を走らせた田園地域。目印の巨大人形の脇に車を停め、恐る恐る畑に入っていくと、先輩は首から鹿の角をぶら下げて、デニムにでっかいバックルを付けていた。スキンヘッドで白髭をたくわえ、大柄ではないが大きい手と太い指をしていた。木陰に案内されていただいた水は、ほんのりとハーブの味がした。

「このカボチャの葉の茎を食べてみて、何かの形に似てない？　そう、ペンネ。いけるよね？　驚くよね？」

ふだんカボチャと思って食べているものだけがカボチャなんだろうか。ボクはそう思った。この葉の茎だってカボチャと呼んでいいはずだ。

「このオクラの葉っぱ食べてみて」と1センチほどの小さな葉を渡される。しっかりとオクラの味がする。

「じゃあ、これだって商品だよね」

先輩の野菜が農協を通して流通することはない。シェフと直接やりとりをし、直接販売している。しかも、シェフたちの要望に合わせて、新しい野菜に挑戦したり、野菜の大きさもコントロールしている。

多くの農家が自分たちの作った野菜に値段を付けられないとは知らなかった。作り過ぎてしまえば値段は落ちるし、見栄えが悪ければ売ることがむずかしい。先輩はもちろん自分で値段を付け、流通方法も自分で切り開いている。

シェフたちは畑を訪れ、野菜を味見するばかりではなく、オイルを少し付けたらどうなるか、塩を振ったらどうなるか、火を通したらどうなるか、実験をする。そのためのキッチンが畑の真ん中に用意されているのだ。そこで、どんな野菜を作っていこうか画策するわけである。

「種を見たときから、皿の上を想像している」と先輩は言った。この言葉に、ボクは自分の仕事に共通することをたくさん想像した。そうなんだ、頭の中で絵ができていないと何も進まない。この想像がないと、行動が生まれないし、自分を励ますこともできない。その想像を共有する仲間も作れない。そして、どのくらい先にその想像を置くのか、それが大事なのだ。畑を歩きながら、自分の作品や仕事について考えることができるとは思いもよらなかった。


【ほんのつけたし】あの日以来、カボチャを見ると、つたを生で食べたことを思い出します。小屋でささっと作ってくれたパスタの味もついでに思い出してしまいます。

浅野悦男（あさの・えつお）1944年、千葉県生まれ。17歳のときに家業である農業を継ぐ。当時の主な生産物は、麦と落花生とサツマイモ。20年ほど前にルッコラの栽培に着手。以降、西洋野菜を中心とした生産に切り替え、フレンチやイタリアンの料理人と一対一で取引する独自のやり方を確立。「子どもの野菜嫌いをなくす」がモットー。

2013年７月19日　千葉県八街の畑にて

早川浩雄

へら師

ボクのことを少しでも知ってくれている人がいるとすれば、ボクはストリートカルチャーからの叩き上げで、現在の価値観やセンスはそこから磨き上げられたのだと思っているかもしれない。残念ながら、それはちょっと違うのだ。スケートボードに手を出す直前まで、ボクはヘラブナ釣りばかりしていた。そしてそのことは、ボクの人格を形成するのに大きな影響を与えていたと今になって思うのである。

友人と行った釣り堀で1匹もつれなかった小学4年生のボクは、父親にそのことを報告すると、父は「釣り堀でそんなことはおかしい、オレが行く」と言った。翌週、父と同じ釣り堀に出かけるが、ボクはまた0匹、父も1匹しか釣れなかった。そのときから毎週末、学校のある土曜日は欠席して、父とコソコソと釣りに出かけるようになった。それがヘラブナ釣りとの出会い。

腕を磨いたボクは小学6年生のある日、とうとうヘラブナ釣りジュニア大会に出場した。ヘラブナの釣り場で同じ年代の子どもを見かけることがなかったから、余裕で勝てる自信があった。ところがである。ボクの正面に陣取った子どもが、次々に釣り上げるではないか。ボクは焦った。負けじと対抗した。

大会はふたりの独走態勢になった。そしてボクは正面のライバルの横に見覚えのある大人が座っているのに気がついた。早川浩雄プロだ。雑誌でよく見かける、飛ぶ鳥を落とす勢いで活躍していた早川プロの息子だったのだ。そのことに動揺したのか、朝食に食べたコーンフレークの牛乳が当たったのか、急に腹痛を催すと、便所にこもることになってしまい、結果は準優勝に終わったのだった。

暗いうちから出かけ、空が白んだ頃、釣り場に到着する。ピタっと静まりかえり、モヤが這う湖面にボートをゆっくり漕ぎ出して水面を割っていく。いるかも分からない魚を想像し、頼りない釣り糸を垂らす。水中の様子を教えてくれる華奢な浮子《うき》にじっと目をやると、自分が風景の一部になっていくのを感じる。ボクがヘラブナ釣りを好きな理由は例えばそんなことだ。

千葉県は戸面原ダムに早川先輩を訪ねた。30年振りにお会いする先輩は真っ黒に日焼けしていた。釣りのペースは落ちたとはいえ、月に12、13日は釣りをしているようだ。前述の、ジュニア大会の顚末を話すと喜んでくれた。

早速、先輩と湖面に漕ぎ出した。舟を岸壁に固定し、竿を出し、水深を丁寧に計り、餌を用意する。まったく無駄のない作法を見ているようだ。そして、どんどん先輩が風景になっていくのだ。

撮影をある程度終えると、ボクも先輩の横の立ち木に舟を取り付け、久し振りに竿を振った。光栄なことに先輩が作った餌を分けてもらった。取材冥利に尽きるとはこのことだ。日が高くなるまでの数時間、ボクは10枚、先輩は40枚のヘラブナを釣り上げ、そっと納竿した。

【ほんのつけたし】 毎回文章を書くのに四苦八苦していたのだが、早川先輩の回はすぐに書けた。最短記録。先輩の作った餌で釣らせていただき、秘かに興奮していた。またお手合わせできることを願わずにいられない。

早川浩雄（はやかわ・ひろお）1945年生まれ。幼少の頃から多摩川でさまざまな魚、釣りに触れ合う。65年、「川崎へら鮒センター」オープンを機に、本格的にへら鮒釣りの道へ。「近代へら釣りの祖」と呼ばれる佐藤徳通に師事し「ゴールデンクラブ」に参加。78年にプロへら師となる。88年に「マスターズクラブ」を創立し、後進の指導にあたる。現ゴールデンクラブ、マスターズクラブ会長。他に全日本へら鮒放流協議会理事、マルキュー「へら鮒アドバイザー」を兼任する。

2013年８月12日　千葉県・戸面原ダムにて

イエルカ・ワイン

薪ストーブ職人

インテリアの撮影で訪れたとあるお宅で、ボクは目を奪われた。好みの範囲が狭いボクだから、めったに気に入るものなんてないのだけど、このときばかりはどうしても気になってしまった。そして、とうとう家主に尋ねた。

「このストーブは何なんですか?」

質問としては三流だけど、そう聞くしかなかった。

「あ、これはイエルカさんのストーブ。長野で作ってる。チェコの人なんですよ」

ちぇこ? ボクの関心は決定的になった。大体の薪ストーブは鋳物でできているが、よく見るとそのストーブは鉄板を曲げたものだった。ぶ厚そうな黒い鉄板がきれいにカーブしていた。鉄板はぶっきらぼうに裁断されていて、扉には溶接の跡がそのまま残されている。取っ手も手曲げの鉄の棒だし、ハンドルには削った木がクルクルと回っていた。無骨さと繊細さがうまいバランスで共存しているだけでなく、素朴さと上品さもそこにはあった。

長野県は中川村にイエルカ・ワインさんを訪ねた。車は山間の峠道を走り、大きなダム湖を通り過ぎ、どんどんと山に深く入っていく。少し丘になったところに1軒だけある大きな古民家でイエルカさんが手を振っていた。

立派な古民家に入っていくと、ダイニングにどんと鎮座する大きなストーブが炎をあげて待ち構えていた。ストーブの両脇にはオーブンが付いていて、奥様のエツコさんが用意してくれたピザを今にも放り込もうとしている。途端に始まった昼の宴。自家栽培の野菜のサラダ、トマトやキムチのピザ3種を夢中でほおばりながら、この文字数ではとうてい収まらない、先輩の壮大な道のりを聞いた。

1968年「プラハの春」を機にチェコスロバキアに戻れなくなった先輩はパリで数年間過ごした後、インドに渡る。ガンジーの晩年に仕えたお婆さんがくれた答えは「フード、クロージング、シェルター」、つまり衣食住のことだった。アメリカのニューメキシコ、インディアン居留区に渡った先輩は、詩人のアレン・ギンズバーグやナナオ・サカキにそこで出会う。

日本に戻ったナナオから手紙をもらい、日本に来るように誘われた。長野県大鹿村の自然に魅了されてしまった先輩はそのまま日本に留まることにした。それから30年の月日が流れた。そしてボクがひと目で好きになってしまったこのストーブが、先輩の人生の最先端なのだ。

ボクが中高生のときに欲しかったのはリーバイスの501やナイキのスニーカーだった。でも今は、先輩の薪ストーブが欲しいと思っている。自分でも大人になったものだと思う。しかし薪ストーブだけあっても仕方がない。街中で見せびらかすものでもない。ストーブが活躍する山小屋があったらいい。つまり、欲しいのは物ではなく、その暮らしなのだと思う。そして、それはどこにも売っていないのも知っている。

【ほんのつけたし】山小屋を持ったら絶対にイエルカストーブと決めているのだが、若輩者にはまだまだ先が遠い。いっそのこと先にストーブだけ買ってしまおうか。そうすれば山小屋計画にも拍車がかかるかもしれない。

イエルカ・ワイン　1943年、チェコ・プラハ生まれ。父は建築家、母は語学学者。プラハで舞台建築を、67年にパリに留学して絵画を学び、以降は織物や工芸に携わりながら世界各地を転々とする。83年にはじめて日本へ。「モネの絵画のようだ」と信州の自然に感銘を受け、そのまま南アルプスの山奥に在住。織物職人である悦子夫人と自給自足の生活を送るなかで、パンを焼くために研究を始めたのが薪ストーブを作るきっかけとなった。
jirkastoves.blogspot.jp

2013年9月12日　長野県の自宅と鉄工所にて

勝見モト

『パラダイス・アレイ』相談役

鎌倉に向かう。何度も通った道。もうナビの電源すら入っていない。なぜこんなに鎌倉へ取材に行くのだろうか。いったい鎌倉に何があるっていうんだろう。ボンヤリと考えているうちに朝比奈インターを降りた車は山を越え、すぐに川沿いの細い路地を走る。

4年前だっただろうか、鎌倉の取材先で70センチほどのサボテンを株分けしてもらった。庭にある大きなサボテンに圧倒されていると、持っていきなよと渡されたのだった。取材先でお土産をもらうことはたまにあるけど、70センチのサボテンをもらったのはもちろんはじめてだ。以来、うちのベランダで何度も花をつけている。

勝見モトさんのことを皆は「もっちゃん」と呼んでいた。大人も子どももそう呼んでいた。もっちゃんは自宅の前の畑をいつもウロウロして、土に手を入れている。もっちゃんは週に3日、鎌倉市場内にある『パラダイス・アレイ』という店でモーニングセットを給仕している。ボクがもっちゃんについて知っていることはそれだけだ。それだけだけど、いつか取材したいと思っていた。でもなぜ取材したいと思うのか、自分でもよく分からなかった。取材をすればそれが分かると思った。

もっちゃんの自宅前に着くと、先輩はすぐに出てきて、挨拶もそこそこに家の前の畑の野良仕事を始めた。雑草取り、ハラペーニョの収穫、生ゴミのコンポスト、自転車の修理。ひとつのことを終えると、次のことにすぐ目をやっている。つねに何かに気がついて、すぐに手を動かす。鎌倉市場内にある『パラダイス・アレイ』に移動しても、着いてすぐに食器洗いをしたり、故障した電気スタンドを直しはじめたりしている。もっちゃんの周りにはやることがたくさんあるようだ。

　ボクは何かをしている人を見ているのが好きなので楽しいし、分からないことを質問したらいろいろと教えてくれるので勉強になる。しかしだ、どうしてもっちゃんに惹かれているのか、なぜもっちゃんが取材対象なのか、結局のところ言葉にはできそうもない。ボクみたいなアマチュアが無理に言葉にしたら安っぽくなりそうなのでやめておいたほうがいい。でもひとつ言えること。いつか自分が年を重ねたら、子どもから、後輩たちから「ちゃん」付けで呼ばれるような大人になろうと思う。それは目上の先輩から「ちゃん」付けで呼ばれることより、よっぽど難しく、素敵なことだと思う。

　もっちゃんが畑から何やらガサゴソと大きいのをぶらさげてやってきた。40センチはある大きなズッキーニ。

「これ持っていきなよ、スープでもサラダでもいけるからさ」

　これでもっちゃんからもらったお土産の合計は１１０センチになった。

【ほんのつけたし】取材にもかかわらず、先輩はもくもくと作業をしていて、それがとてもよかった。ボクもそのほうがやりやすいのだ。ボクのことを気にしないから、先輩の動きをじっくり観察できた。写真からも気にしていない様子が出ている。

勝見モト（かつみ・もと）１９４７年、神奈川県川崎市生まれ。10代の頃から湘南で遊び、海の家を手伝って過ごすうち、妻の早苗さんと出会って鎌倉へ。当時には珍しいフリーター暮らしを送る。自身の父も畑をやっていたことから農業はお手のもの。手作業で作る新鮮な野菜や香草は、早苗さんの料理教室「カフェ・カクタス」や長男・淳平さんが運営するパンの店『パラダイス・アレイ』で使っている。次男・竜太さんも沖縄でパン屋『カクタス・トリップ』を営む。

2013年10月19日　鎌倉・大町にて

武末充敏

『organ』店主

福岡に到着すると、賑やかな天神は素通りして、西鉄の大橋駅へと急ぐ。各駅停車しか止まらないローカル駅で、風情は特になく、日本のどこにでもあるような風景。ではなぜそこに行くのかといえば『organ』があるからである。

駅前にある素っ気ないビルの4階まで息を切らしながら階段を上がり、玄関のドアを開けると、家具、古着、小物、CDがところ狭しと陳列されていて、一瞬、目のやり場に困る感覚に襲われる。大橋のローカルさとのギャップがそうさせるのだろうか。

店を切り盛りしているのは武末充敏・朋子夫妻。タイのチェンマイを旅行中に、とある尊敬する先輩から紹介された先輩だ。ややこしいが、先輩の先輩なので、ボクにとっては大先輩にあたるわけである。

福岡で家具や雑貨のお店をやっている方だと当然そう紹介されるわけだが、そのうちに、もともとはバンドをやっていて、ミュージシャンなんだということが分かるとボクは興味津々になってしまった。

東京に帰ってから、その「葡萄畑」というバンド名が忘れられなくて中古のCDを買ってみたのだが、ボクが生まれた頃に1stアルバムが出ているような、70年代の日本のフォークロック／ニューミュージックの走りのようなバンドだったのだ。そんなバンドマンがどうして今は「物」の世界に入っていったのだろうか。ボクは気になっていた。

自身のホームページで先輩はこう記している。

「商品とは、一見わかりやすい物に見えます。しかし、分析してみると、さまざまな理屈やある種の偏屈さでいっぱいであることがわかります」

「私たちは否応なく消費社会のまっただ中に生きています」

「願わくば、無闇に新奇を競わず、自分の目と手を使って、日々の糧となるオブジェに出会えますように」

なんとも腑に落ちてしまう。

先輩の話を聞きながら、ボクはインディペンデントという言葉について考えていた。どうしても、先輩からその言葉を感じるのだ。なにも会社員がダメでフリーランスがいいと言っているわけではない。自分で考え、自分で感じたことを自分から発信していくこと。発信する場所がないのなら、自分でその場も作ること。それが音楽であれ、物であれ、政治の話しであれ、先輩はそうやってきたのだと思う。

福岡に行ったら、少しだけローカル線に乗って『organ』に行ってみて欲しい。そこには素敵な品々が並んでいるだけではなく、先輩の通ってきた道、これからの挑戦が宿っているはずだから。

【ほんのつけたし】 先輩が大写しになっている写真の場所はお店ではなくて、ＥＮＯＵＧＨ ＲＯＯＭという靴のままの生活を提唱するモデルルーム。靴を履いていないとバランスのとれない家具や空間があるのではないか、という提案の場。「ここで太呂くん写真展やらない？」って先輩、本気なんでしょうか。

武末充敏（たけすえ・みつとし）１９４８年、福岡県生まれ。大学時代に上京し、バンド「葡萄畑」を結成。日本のロックやフォークの黎明期だった70年代に、カントリーテイストからモダンポップまで、幅広く音楽を追求。その後福岡に戻り、『タワーレコードＫＢＣ』の店長を経て、84年頃からユニット、フラット・フェイスで再デビュー。現在は音から形のあるデザインへと興味を移行し、99年より地元・大橋で生活雑貨の店『organ』を営む。organ-online.com/

2013年11月16日　福岡県大橋にて

新正 卓

写真家

写真を志すにもいろいろな道筋があると思う。写真といっても、美術館に収蔵されている写真も、ヤフオクにアップされては消える商品写真も、写真である。だから、目指す方向もまちまちで、結局、どこが終着地点かは決まっていない。そんなあやふやな世界に入っていくのは、さぞ勇気が必要かと思いきや、好奇心と無知が手伝って、ホイホイと進んでしまっただけなのだ。

ボクは武蔵野美術大学映像学科に進学した。新設されてもう20年は経つのだろうか。ボクはそこの第4期生。当時、美術大学で写真を学べる環境はあまりなかったはずである。

初々しい気持ちでキャンパスに足を踏み入れる。授業中に写真のことを考えていいなんて、大学っていいところだと感じたのを覚えている。大手を振って、くだらないアイデアを練ったりできるのだ。

最初の授業は確か、「写ルンです」を持って、時間内に散り散りに写真を撮ってくるというものだった。何を撮ったのかはほとんど覚えていないが、黒のパンツに黒のシャツ、長髪をひとつに束ねた大きな男を見上げるように撮ったことは覚えている。それが当時、映像学科の新正卓教授であった。

ボクが写真作家という人に会ったのは新正先輩がはじめてだと思う。当時先輩は『酋長の系譜』というネイティブ・アメリカンをテーマにした作品を完成させ、出版と展示を展開しているところだった。そして早くも次の作品である『沈黙の大地』の撮影に取りかかっていた。

教授という教職者でありながら、現役の作家であったことは、学生であるボクには刺激的だった。「学生と顔を合わせているときはいいんだけど、いったん教室を出るともう自分の撮影のことで頭が一杯でね」という当時を振り返った言葉を聞くと、やっぱりね、と思う。でもそのほうがボクにはよかった。知識だけのおじいちゃん先生だったらすぐに退屈してしまっただろう。

久し振りにお会いした先輩は、長髪をバッサリ切ってはいたが、相変わらずの黒ずくめで大男だった。そしていま、先輩が挑戦している写真について、丁寧に教えてくれるのだ。

いま先輩が使っているカメラを見せていただいて驚いた。コンパクトなデジタルカメラだったのだ。大判フィルムカメラを肩に担いでシベリアやインディアン居留区を渡り歩いているイメージを見事に覆された。

「あれ、まだフィルム使ってるの？」

先輩はボクより先にどんどん進んでいたのだ。今春（2014年）に控えているロンドンの個展では先輩が生み出したOROgraphyという、透明のフィルムの背後に金箔を貼って敷きつめるという世にも珍しい写真を発表する。

ボクは再びピカピカの1年生になったような気分で帰路につくのだった。あのとき、武蔵美からの家路も確かこんな気分だったはずだ。

【ほんのつけたし】この取材の後、まだボクがフィルムで仕事していることを知った先輩が、過去によく使っていたカメラ一式をくれると電話をくれた。にもかかわらずボクは、まだ引き取りにいけていない。なんと無礼な後輩だ。

新正卓（あらまさ・たく）1936年、東京都生まれ。60年代はアートディレクターとして、その後は写真家として、70年代はファッション、80年代はドキュメンタリーの現場で活躍。1993年から2007年まで武蔵野美術大学造形学部映像学科教授。aramasa-taku.jp

2013年12月8日　石神井にて

なぎら健壱

シンガーソングライター

何年も前の話。何となく観ていたテレビのトーク番組になぎら健壱が出ていた。もちろん軽妙なトークを展開するなぎら先輩なのだが、話の流れで1本のギターを取りだすと、おもむろに歌いはじめた。そこでボクはびっくりしてしまった。なぎら健壱のことを「くち髭の面白いおじさん」としか認識していなかったボクは、目と耳が釘付けになってしまったのだ。ギターを持った途端、C調ななぎら健壱が急に身を潜め、その代わりに甘いけど切ない声が絞り出されたのだった。その声と、存在感のギャップにボクは惹き込まれた。

なぎら先輩はフォークシンガーだ。それをボクら後輩世代はどれだけ知っているのだろうか。少なくともボクは偶然そのテレビを観るまでは知らなかったのだ。１９７０年、岐阜は中津川で行われた『全日本フォークジャンボリー』にアマチュアとして飛び入りし、72年には『万年床』でデビューする。ボクが大好きな曲「永遠の絆」もこのアルバムに収録されている。

２０１３年も終わろうとしていた年の瀬、ボクは吉祥寺の『ＭＡＮＤＡ－ＬＡ２』というライブハウスに向かった。30年以上も継続しているマンスリーライブの年忘れバージョン。すべて観客のリクエストに応えるというライブがあるからだ。

会場は立ち見が出るほど満席。２００曲以上はあろうかというレパートリーでどんどん応えていく。フォークシンガーの酒にまつわる逸話とか、紅白に出るやつなんてフォークシンガーじゃねえとか、花柳界の話、合間の

MCももちろん面白い。最後は豪快なドリンキングソングで年を締めた。

年も明けて、正月の雰囲気も落ち着いてきた頃、『下町の風をパチリ‼』というテレビ番組収録に同行し、東京の下町、根岸を一緒にぶらぶらさせてもらった。

開口一番、「お、マキナだね！」ボクがぶら下げているカメラを指して先輩は言った。そう、なぎら先輩は写真が大好きなのだ。カメラ型のバッグを照れくさそうにぶらさげながら、昭和の庶民の雰囲気が残る街角を撮影している。見ていると、コメントも会話も次回予告の文言も台本はなく、その場の先輩の豊富な知識とユーモアに任されていた。

昭和なお好み焼き屋で収録が終わると、そのままビールとお好み焼きになだれ込んだ。「関東風のお好み焼き」の作り方指導を受けながら、銀座生まれの先輩に東京人とはどんな人なのか話を聞いた。

「まあ、口は悪いけど照れ屋だね。だからさ、紅白出るやつぁフォークシンガーじゃねえ、と言っておきながら自分にオファーが来たら出ちゃうんじゃないかなー？」

ボクも東京人の後輩として、その感じが分かる。『ポパイ』なんて出るんじゃなかったよと言っておきながら、ちょっとは嬉しかったりしてるといいのだが。どうですか先輩⁉

【ほんのつけたし】「どんな音楽を聴いているんですか？」と質問を受け、「なぎら健壱です」と答えると、予想していたのと違ったのか、すこし戸惑ったような表情になる。そりゃあいろいろ聴くけれども、先輩のフォークソング素敵ですよ。聴いてみてください。

なぎら健壱（なぎら・けんいち）1952年、東京都銀座生まれ。下町育ち。18歳で歌手デビューした後、テレビのバラエティ番組（「オツだねー」「粋だねー」などの台詞でお馴染み）、ラジオ、新聞や雑誌での執筆など幅広く活躍。俳優としては77年に『嗚呼‼花の応援団』で日本映画大賞助演男優賞を受賞。現在は東京・吉祥寺『MANDA-LA2』で毎月の定例ライブなどに出演している。

2013年12月28日　吉祥寺、明けて14年1月9日　根岸にて

水木しげる

漫画家

「水木しげる91歳で新連載開始」という文字が目に飛び込んできたのは昨年（2013年）末だったか。そして間もなく、小学館の『ビッグコミック』で『わたしの日々』という新連載が始まった。

水木しげる大先輩といえば、何はともあれ『ゲゲゲの鬼太郎』である。小学生の頃、漫画好きの友人に借りた鬼太郎の本。どこか悲しげで、しっとりと湿度のある質感に何か見てはいけないものを見た気がしたことを憶えている。90歳を過ぎてもなお創作活動にいそしむ人物とはいったいどんな雰囲気をまとっているのか、そのことにボクは興味があった。

東京都調布市に大先輩のアトリエを訪ねた。アトリエは意外にも駅近くのマンションの一室にあった。どこにも妖怪がいる気配はない。ご高齢ということもあり、取材は30分でと事務所から言われていた。

応接室に通され、緊張の面持ちで大先輩を待ち望む。奥から歩いてきた大先輩はボクたちに気がつくと、天井からぶら下がっていた飾りに、顔の位置を合わせて立っておどけてみせた。ボクたちはそれで緊張が解けて、場が急にのどかな雰囲気になってしまった。

手土産のいちご大福を勧めると、すぐに包みを開けて口の周りを白くさせながらぱくぱくと3～4口でたいらげてしまった。ボクたちがびっくりしていると、「79点！」と言った。どうやら先輩の中では高得点だったようだ。

よく食べ、よく眠ることが健康の秘訣であるらしい。壁にはフレッシュネスバーガーのイラスト付きメニューが貼ってある。大好きらしい。

「眠るのが大好きだから、小学校のときはいつも遅刻して2時間目からなの。1時間目が算数だからいつも算数は0点。だから低能だって言われてたけど、本当は頭いいんだよ、寝てただけ」

新連載のテーマは日常。主人公は本人。みんなで集まっておやつを食べているとか、新連載の話が舞い込んできたときの話とか、漫画のテーマにならなそうなテーマで構成されている。しかしそれがなんとも、ゆったりしていて心地よいのだ。年輪を重ねてきたからこそ、なせる業である。そして驚くのはその画力。ビシっと描き込まれている。「種（テーマ）は楽だからさ、あとは画に力があればOKだから」と大先輩。その通りであります。

「続けるってことは、面白くなくちゃ。才能がないとダメ。飽きることがない性格だね。メシが喰えることを考えるより、面白いってことを優先する人は少ないねー。漫画描いている人の3分の1しかいないんじゃない？編集者に至っては2割しかいないね」

30分の取材時間を大幅にオーバーして、大先輩のアトリエをあとにした。冬ののどかな午後。大先輩の口調も穏やかで、場の雰囲気はとても和やかだった。しかし、大先輩の言っていることは、これから何年やっていけるのか漠然とした不安を抱えるボクたちにとって厳しい、現実の言葉であり、冬の寒さとともに背筋が伸びる言葉だった。

【ほんのつけたし】その後、残念ながら『わたしの日々』は連載終了となってしまったけど、公式ツイッターに時おり登場する、ピザとかハンバーグ弁当とか食べている大先輩を見て和んでいます。

水木しげる（みずき・しげる）1922—2015年。鳥取県生まれ。幼少期、家の手伝いに来ていたおばあさんに語り聞かされ、妖怪に興味と親しみを持つように。太平洋戦争時、激戦地のラバウル・ニューギニア戦線で爆撃を受け、左腕を失う。復員後、紙芝居画家を経て、58年に漫画家としてデビュー。代表作は『ゲゲゲの鬼太郎』『河童の三平』『悪魔くん』など。

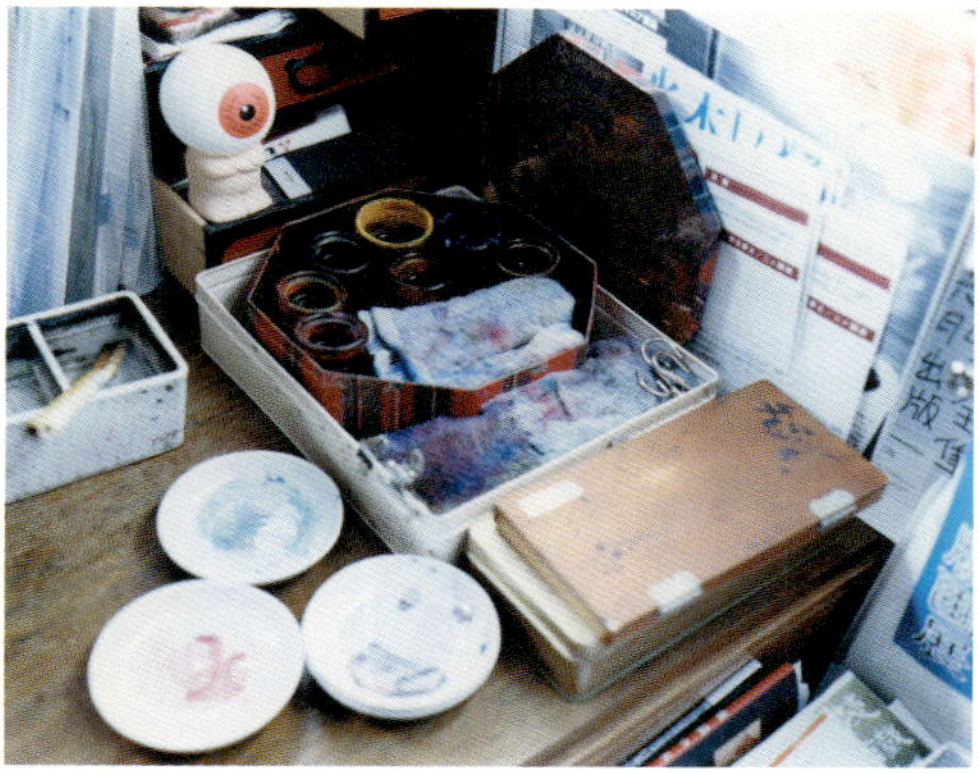

2014年２月10日　調布のアトリエにて

立花ハジメ

ミュージシャン／グラフィックデザイナー

１９７６年にテクノポップバンド「プラスチックス」を結成。79年にはイギリスのラフトレードからシングル盤を発売。81年にはワールドツアー。B-52's、トーキング・ヘッズ、ラモーンズらと共演。91年にはタイポグラフィーの分野でＡＤＣ最高賞を受賞。ミュージシャンでありデザイナー。はたまたその境すら曖昧にするような作品を発表。立花ハジメ先輩のことをインターネットで調べるなら、以上のような言葉がズラズラと出てくるだろう。何やらとんでもなく世界同時的で、先見の明に溢れている。

でもボクと先輩の関わりは、まったくそのこととは関係なく始まったのだった。7〜8年前のこと。フリーペーパーの取材で先輩を訪ね、取材終わりに雑談をしているときに「太呂くんさ、スケーターならピスト乗らなきゃ、もったいないよ」とおもむろに言われたのだった。

ピストという自転車の形態が一部で流行ってきていることは薄々感じていたし、サンフランシスコのスケーター連中が乗っている現場も見ていたから、もちろん気にはなっていたのだ。だけど流行にすぐに反応するのはどうも、という天の邪鬼的な性格が邪魔をしてピストを遠ざけていたのだけど、先輩のその言葉を聞いてなんだか胸騒ぎが起きてしまったのである。「スケーターなのに」という部分がどうも気になってしまったのだ。

それでも慎重な性格ゆえ、先輩に意を決して電話したのはそれからしばらく経ってのことだったと思う。

「あの、ハジメさん、ボクやっぱり自転車欲しいです。

どうすればいいですか？」

「あ、そう？　うん、分かった。今ねちょうど軽井沢の元競輪選手の家に向かってるから、サイズいいのがあったらとっておくね」

なんて話が早いんだと驚くと同時に、そうやってピストって買うのかと感嘆した。それからまたしばらくして先輩から自転車が仕上がったから取りにきたらと連絡が入った。先輩の事務所に到着すると、シルバーの細い競輪フレームで、所々ブルーが配色してある綺麗な自転車だった。

「はい、じゃあ乗って帰って」

「え、いきなり？　でも、そうするしかないですよね」

生まれたての子鹿のようにぷるぷる震えながら、自宅までおっかなびっくり乗って帰った。

ニューアルバム『Monaco』は透明のプラスチックケースの中に六角形の樹脂でできたピースが入っており、パズルのように組合わさっている。そのひとつにＵＳＢメモリーが仕込まれていて、中にはプラスチックス時代のライブ音源含む13曲、フォントのデータがふたつ、デジタルライナーノーツなどが含まれている。デジタルで配信するだけではないプロダクトとしての存在感がとても先輩らしいと思った。デジタルとアコースティックのバランス感覚。身体の経験に裏付けられたデジタルというべきか。ボクが他のミュージシャンやデザイナーからは感じづらい種類の信頼を先輩からはいつも感じるのだ。

【ほんのつけたし】とにかく頭の中が先に行ってる先輩に、若輩者がついていくのは大変。追いついたと思っても、もうそこにはいない。いま、先輩は何を考えているのだろう。

立花ハジメ（たちばな・はじめ）１９５１年、東京都生まれ。『プラスチックス』のギタリスト、サックス奏者、楽器や映像の制作、グラフィックデザイナーなど、日本のクリエイティブシーンの第一線で多岐にわたり活躍。

NO
SOLICITORS

2014年３月10日　駒沢にて

片山 健

絵本作家

ボクが子どもの頃、家にあった1枚の絵。子どもの頃から眺めているわけだから、それを変わった絵だと思ったこともなかった。その絵は美空ひばりと力道山のふたりがひとりになったような人物の鉛筆画だった。変な絵だなと思うようになった頃にボクは子どもじゃなくなってしまったのかもしれない。

年の離れたボクの妹に両親が用意する絵本のなかに、豪快なタッチで描かれた女の子の本が増えるようになった。その女の子と〝美空ひばり力道山〟の作者が同じで、片山健さんの作品だと分かるのにはずいぶんと時間がかかってしまったけど、ボクは両方とも好きだった。ちなみに〝美空ひばり力道山〟の絵は父が片山健さんに雑誌『ワンダーランド』の挿絵として依頼したものだと最近知った。

よく晴れた春の日、国立市の整然とした住宅街にある片山先輩のアトリエを訪ねた。なんだか昔から知っているようだけど、考えてみたらお会いしたことはない。だけど不思議と安心感があって、緊張もしない。幼いときからその人の絵を見ているということは、こういうことなのだろうか。細いアプローチを通って玄関に辿り着きドアを開け、こざっぱりした清潔なアトリエに入っていくとすぐにあの少女が目に飛び込んでくる。いたいた、あの子がいた。思わずニヤリとしてしまう。

片山先輩はコーヒーのミルをガリガリ回しながらこう言う。

「笑ってくださいとか、絵を描いてくださいとか絶対言わないでくれって取材のときはお願いするんだけど、なんか今日はそんな感じじゃなさそうだからよかったー」

ボクたちの取材があまりにも緩く始まってしまったが故に少し先輩も安心してくれたようだ。

早速アトリエにあるものを説明してくれる。壁に貼り付けている作品は、「絵の具の箱を広げてみたら、よくできているなあと思って。その箱に描いたり貼ったり。部屋中に貼るつもりだったけど、最近は全然増えない。でも、箱、白いままのほうがいいよ」と少し照れくさそうだ。アトリエは手前半分が水彩画、奥が油彩のスペースになっている。

少し濃く淹れたコーヒーをいただきながら、先輩の絵本をつくるにいたる道程の話を興味深く聞いた。しばらくすると先輩はおもむろに油彩のスペースに向かい、エプロンを着け、絵を描きはじめた。とたんにアトリエに静寂が訪れる。だんだんと先輩の集中力が高まってくるのがよく分かる。なにかに集中している人をじっと見るのは実に面白い。しばらくその状況が続き、ふいに先輩がぽつりと口を開く。


「ギャラリーがいるなかで絵を描くことなんてないんだよな。んー、もう取材はいいかな?」

どうやら本格的に描きはじめるようだ。これはお邪魔してはいけない。気配を消しきれなかったボクの負けだ。絵の完成を待ち望み、一瞬でもその工程に立ち会えたことを喜んで、清々しく帰路についた。

【ほんのつけたし】 少しこちらを警戒して、少し迷惑そうにしている雰囲気に生粋のアーティストであることを感じた。壁に張り巡らせていた絵の具の空き箱を展開させた作品も素敵だった。

片山健（かたやま・けん）１９４０年、東京都生まれ。武蔵野美術学校（現在の武蔵野美術大学）商業デザイン科卒業。自作の絵本の第1作は69年の『もりのおばけ』。60〜70年代にはポスターや雑誌のイラストを多く手掛け、80年代以降は絵本を精力的に制作。幼少期の息子から着想を得た『どんどん どんどん』ほか、『きつねにょうぼう』『タンゲくん』などで受賞歴多数。

2014年3月28日　国立のアトリエにて

篠塚和典

プロ野球解説者

「キャッチボールってやっぱりいいよな!」と大きな声で先輩が言っている。なんてことだ、いつもテレビで心から応援していた篠塚和典先輩とキャッチボールをしているなんて。その先輩がキャッチボールっていいと言っている。「はい!」、ボクは答えた。いいに決まっている。しかもふだんより何倍もいいに決まっている。

篠塚和典。巨人軍一筋19年の元プロ野球選手。生涯打率3割4厘。首位打者2回。ゴールデングラブ賞4回。華麗な守備と巧みなバットコントロールで流し打ちの名手。ボクの憧れのプロ野球選手。

ボクが小学生の頃、テレビで放映される野球中継といえば巨人戦がほとんどだった。東京育ちのボクは、何の疑いもなく巨人ファンとなった。学校から帰ると、近所の子どもたちと集まって広場で日が暮れるまで野球をしているような子どもだった。家に帰って夕食を済ますと、次の楽しみはテレビでの野球観戦。テレビのスイッチを入れたとき、バッターが篠塚だったら巨人は負けないという方程式があった。どんな華のあるホームランバッターよりも、ボクは篠塚が好きだった。篠塚の放つ打球の美しさや、身体の使い方や、それになにしろ期待に応えてくれる確率の高いところが好きだった。どの野球選手が好きか、ということは、ひとりの少年の成長過程においてとても重要なことなのだ。

その頃の巨人軍は、練習グラウンドを多摩川の河川敷に構えていた。ボクもドキドキしながら練習を観にいったことがあった。練習グラウンドのすぐ上にある土手を越えると、小さなおでん屋さんがあった。ボクと父親でその店で昼食を食べていると、巨人の遊撃手、河埜選手が入ってきて、ボクの隣にドカっと座った。憧れの巨人の選手、本物のユニフォームの質感。ボクは圧倒された。その後、巨人のユニフォームに似ているからという理由だけで、ボクは世田谷東というリトルリーグに入団した。入団テストでは三遊間ヒットを放ったものの、あまりの練習の厳しさと不条理さに我慢ができず、ほどなく辞めてしまった。

篠塚先輩の撮影は、その多摩川グラウンドでお願いした。例のおでん屋で待ち合わせをし、懐かしのおでんを頬張ると、土手をあがってグラウンドに向かった。全然、変わっていないと、懐かしがる先輩。増水したあとにはグラウンドに鯉がいたとか、ノーコンのピッチャーがいてバスのガラスを割ったとか、ランニングコースをズルして川に入って近道している選手がいたとか。どれものんびりしたエピソードがプロ野球の良き時代を物語っている。

「お！　篠塚！　全然変わってないよ！　若いね！」、初老のランナーが走りながら叫んだ。「ありがとうございます！」、先輩もすかさず答える。ランナーの声にふと我に返り、家から昔の巨人帽を持ってきたことを思い出した。帽子のつばにサインを貰うボクは、練習を観にきたあの頃の少年のボクだ。

【ほんのつけたし】巨人帽をかぶって挑んだこの日。キャッチボールをしてもらったボク。たぶんニヤケが止まってなかった。「お、やってたの？」と嬉しい反応。「もっと肘から投げてごらん」。今でも練習してる。

篠塚和典（しのづか・かずのり）１９５７年、東京都生まれ。75年、銚子商業高校からドラフト1位で読売ジャイアンツに入団。主に二塁手。ベストナイン5回、84年、87年に首位打者。そのプレーは玄人好み、いぶし銀、天才と評される。引退後は巨人軍のコーチを歴任し、２００９年のＷＢＣでは日本代表の打撃コーチに。現在はプロ野球解説者として活躍。ameblo.jp/dream-jpn/

2014年5月6日　元巨人軍多摩川グラウンドにて

安藤正行

『サーカス・サーカス』店主

物心がつく頃、どんな友だちと、どんな遊びをしたか、そしてどんなお店に通ったのか。そんなことがこれほどまでにその後の人生に影響するのかと自分でも驚いている。

14歳だったボクは友人たちと1軒の自転車屋に通った。そこに吊るされていたのは今までに乗っていた自転車とは違うカラフルな小さな自転車だった。友人たちと眺めてはこの自転車が自分の物になったらどんなにいいだろうと想像した。友人たちが次々に手に入れた。ついに緑色の〈KUWAHARA〉をボクは買った。

東京・幡ヶ谷に小さなお店を開くことを胸に決めながら、サンフランシスコからロサンゼルスまでのハネムーンに旅立った安藤先輩。レンタカーで南下する途中、自転車屋やスケートショップにあちこち立ち寄り、イメージを膨らませていったという。ネバダ州との州境・リノにあるホテルの名前から自らの店の名前を『サーカス・サーカス』と決めたそうだ。東京に戻り、BMXやプラモデル、スケートボードを揃えたお店を1983年4月にオープンさせた。世間は映画『E.T.』の影響でBMXが流行りつつあった。

BMX特有の固いプラスティックサドルにお尻を痛めながら、ウイリーを試したり、斜面を駆け下りてみたり、ときにはキャンプ場までツーリングしたり、ボクらは遊んだ。インターネットもない時代、唯一の情報源は『サーカス・サーカス』に売っていたアメリカの雑誌だった。誰かが買うとみんなで隅から隅まで眺めた。そこで発見したのが後ろのほうの白黒ページに載っているスケートショップの広告群。ＢＭＸとは違い、スケートボードはグラフィックが充実していた。ズラっと並べるようにして宣伝されている板のグラフィックを眺めてはどれがいいかみんなで話していた。

　友だちのひとりがエース級にカッコいいとされていたグラフィックのスケートボードをとうとう買った。たまらず、ボクも吟味に吟味を重ねた板を買った。安藤先輩はとても丁寧に板を組み上げてくれた。寸分のズレもなくグリップテープを貼り、選んだトラックとウィール等のパーツ類もしっかり取り付けてくれた。作業を見守り自分の物になるまでの時間が魔法の時間のようだった。

　板にシルクスクリーンで刷られたインクの匂い。自分で選ぶグラフィックのTシャツ。ステッカーを貼ること。全部『サーカス・サーカス』で教わった。甲州街道を走るバスの後ろに掴まって走り、みんなで大コケしたっけ。あのときはもうダメだと思った。

　それから実に何十年だろう。久し振りに訪ねてみると、店には当時ボクらがドキドキしていたグラフィックの板やパーツが飾られていた。すぐにあの魔法の時間がよみがえる。安藤先輩の少し高めの声が聞こえてくればなおさらだ。

「おー、タロ。イトウくんとテツがこのまえ来たよー」

　どうやら友人たちも秘かに来ているようだ。

【ほんのつけたし】本当に原点。このお店がなかったら、ボクたちのグループはスケートボードやっていたかな？本当に大切なお店。当時の板をまだ飾っていた先輩。先輩にとってもあの頃が大切だったんだと思うと嬉しい。

安藤正行（あんどう・まさゆき）１９４８年、東京都生まれ。幼少期はワシントンハイツ（戦後、今の代々木公園あたりに作られた在日米軍施設）付近に遊びにいき、アメリカン・カルチャーを憧憬していた。東京ディズニーランド開業と同じ年、同じ日に『サーカス・サーカス』をオープン。〈パウエル・ペラルタ〉などを長く扱う。パンクの修理など、街の自転車屋としても人気。

RCUS CIRCUS
GT
DBR
PREVENT FOREST FIRES
OLD NAVY
THE SIMPSONS

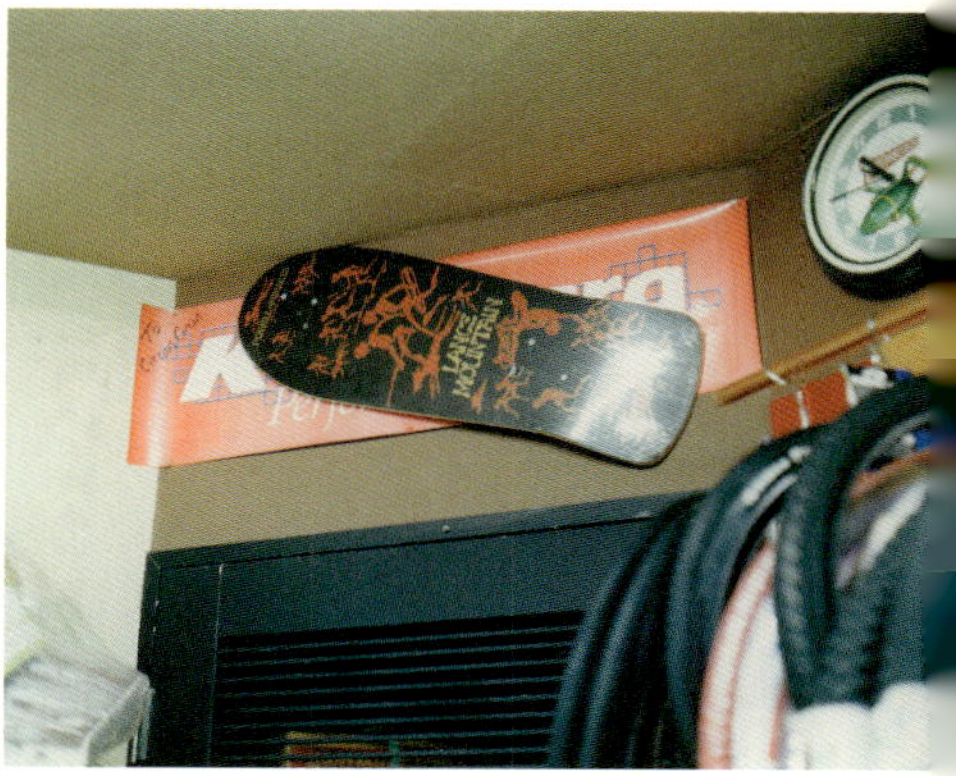

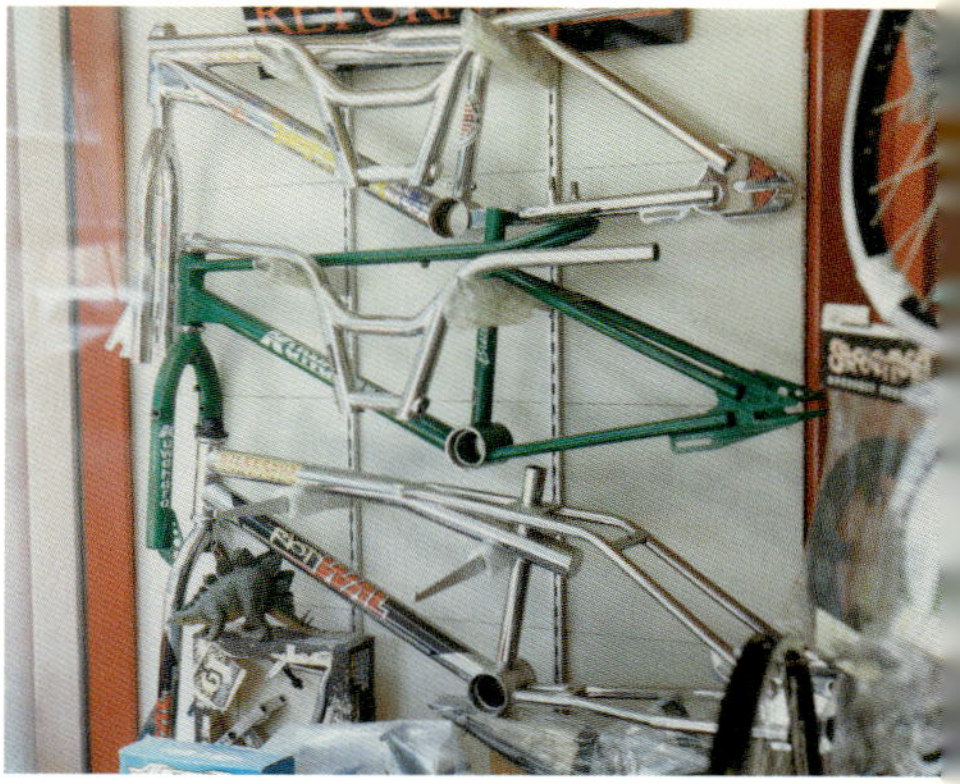

2014年6月16日　幡ヶ谷『サーカス・サーカス』にて

石井志津男

「OVERHEAT MUSIC」代表

ボクがよく聞かれる質問のひとつに「まだスケーボードやってるんですか？」というものがある。もう別にムっとしないけど「スケートボードってやってるとか辞めるとかじゃなくてカルチャーやマインドの話だから」と思っている面倒くさいタイプのボクは「ええ。まあ少しはやってます」と答えている。同時に、そんな質問をされるたびに「一体、いつまでスケートボードがどうのこうのとやってられるんだろう？」って焦ったりもする。この国ではスケートボードは子どもの遊び。大人はそんなのしない。となっている。

夏も盛りになってきたある日、千葉県野田にあるスケートパークでとあるスケーターと待ち合わせをした。ボクははじめて訪ねるスケートパークだったのではじめはラインを教えてもらい、交互に滑った。お相手は石井志津男先輩、御歳69歳（当時）である。ボクの知る限り、日本で最高年齢のスケートボーダーではなかろうか。石井先輩の息子がスケーターでボクは彼と友人なのだが、彼から「オヤジがスケート始めた」と聞いてからずいぶん経っていた。ようやく一緒に滑ることができた。

石井先輩、もちろんただのスケーターではない。日本にレゲエを持ち込んだ最重要人物。１９７９年、訪ねたニューヨークで出会った人物から、映画『ＲＯＣＫＥＲＳ』の日本での上映権利を買い持ち帰ると、ライブハウスや小さな映画館を巡った。日本にジャマイカの文化を紹介したはじめての出来事。次第に先輩自身もレゲエ音楽に惹き込まれていく。

レゲエやヒップホップのミュージシャンをリリースするレーベルを始めた先輩はその啓蒙活動の一環としてフリーペーパーを刊行。これが31年続いている『RIDDIM』となる。はじめは手書きのペラ1枚のものだったが、今ではレゲエ、ヒップホップ、スケート、アートなどを網羅する貴重なフリーペーパーだ。ついにはレゲエ音楽の源流を探るドキュメンタリー映画『ラフン・タフ』を監督するに至った。

55歳から始めたスケートボードも14年目だという。

「僕はスケーターじゃないから」「まあ、ただ人運に恵まれているだけだから」と謙遜する先輩。

レゲエとスケートボードに共通して感じるものはありますか？　とボクが質問すると「どちらもメインストリームになれないんだけど、なにか、こう深くて、熱いものがあるよね」と言った。

ボクはその「熱い種」みたいなものに反応し、その探求をずっと継続できることが石井先輩の才能なのだと知った。

今日、石井先輩と滑ってボクは自己肯定したかったのかも知れない。自分とスケートボードの付き合いがこの先も続いてしまってもいいんだということを。世の中の既成概念から外れていても、自分が好きなことに邁進し、続けていくべきなんだと。

【ほんのつけたし】とても暑い一日だった。気温とともに気持ちの熱さを感じる一日だった。70の大台に乗った先輩と、また待ち合わせしてスケートしたいな。

石井志津男（いしい・しづお）1945年、千葉県生まれ。地元のホテルに勤務後、上京。広告のプランニングを経て、79年にニューヨークへ。知人の事務所で、当時隆盛を極めたレゲエ文化の代表的な映画『ROCKERS』のプロデューサーに出会い、日本での配給を始める。その後ジャマイカからの音楽シーンからも同様の依頼が続き、81年に「OVERHEAT」を設立。フリーマガジン『RIDDIM』の発行、映画『ラフン・タフ』の監督など、日本にレゲエの魅力を伝え続けている。

2014年７月16日　千葉・野田→東京・原宿にて

桑原茂一

「クラブキング」代表

取材の日は2014年8月15日だった。69回目の終戦記念日。いかにも夏という1日で、よく晴れ、蒸し暑かった。2両編成のローカル線が走る長閑な東京の住宅街に桑原茂一先輩を訪ねた。角地に建つ古い日本家屋はよく手入れされていて、風が抜け、住みやすそうだった。

洋服屋やレーコード店の片隅に置いてある『DICTIONARY』というフリーペーパーをドキドキしながら手に取っていた時期があった。そこに書いてある音楽や、写っている人物から刺激を受け、真似をした。

まだ駆け出しのカメラマンだった頃、仕事をくれる雑誌はまだほとんどなかった。当たり前だ、どんな写真を撮るかも分からない馬の骨に仕事をくれるはずもない。だから『DICTIONARY』から仕事の依頼を受けたときは嬉しかった。まったく知らない人たちとの仕事に、はじめて社会に出た気がした。そのときは、撮影を成功させるのに精一杯で物事を俯瞰で見ることなどできなかったのだけど、今にして思えば『DICTIONARY』が若手にチャンスを与える場所を作ってくれていたのだと分かる。おそらく多くの人たちにとっても『DICTIONARY』という媒体がそんな存在であるのだと思う。

桑原先輩はボクたちが到着すると早々に放送前のラジオ番組をコンピュータで聞かせてくれた。すると突然、総理大臣とおぼしき声の緊急宣言が聞こえてきた。

「国民のみなさん、わが国は先ほど正式な手続きをもって、戦争を行うことになりました。しかしご安心ください。相手がどこの国か、いかなる戦争か、すべて国民のみなさんに分からぬように進めていく次第でございます。勝敗に関しても分からぬよう処理させていただきます。戦争に怯えることなく、ふだんと変わらぬ日常をお過ごしいただければと考える所存です」といった内容だ。はじめはニヤリとしてしまうが、今の時代、そして今日という日に聞く皮肉さに脂汗をかいてしまう。そしてやはり、放送はお蔵入りのようだ。

桑原先輩のやってきたこと、これからやることをここでは簡単に書ききれない。先輩は言う「いつまでたっても成功しないんだよね」と。これは謙遜でも何でもなく、先輩の正直な気持ちなのかも知れない。しかしその場合の「成功」とは、いわゆる世間がイメージする「成功」であって、先輩はその成功に対しては価値を置いていないだけなのだと思う。それは決して地下に潜るということではない。むしろ逆であって、自分たちの創作をいかに大衆に向けられるかという意欲が漲っている。

YouTubeが普及してから、ボクは毎年8月15日の昼間に玉音放送を聞くようにしている。しかし今年は聞かなかった。先輩のラジオを聞いたら、どうしてか玉音放送聞く気がしなくなってしまった。この録音が悪い冗談にもならない時代になっていることに驚愕し、戦後が終わって戦前が始まっているかもしれないと気が付いたからだ。

【ほんのつけたし】この取材の後、そこはかとない反戦ソングを1曲選曲してくれと連絡をいただきました。先輩とは今後も反戦や音楽を通したお付き合いができそうです。

桑原茂一（くわはら・もいち）1950年、岡山県生まれ。65年に上京。東京のど真ん中で音楽を求め遊び回り、73年、『ローリングストーン』誌日本版を創刊。75年には小林克也と「スネークマンショー」を結成し、ラジオで活躍。77年からは〈コムデギャルソン〉のコレクションショーの選曲を担当。87年、「クラブキング」を設立。現在もフリーペーパー『DICTIONARY』の発行、アート展『おっぱい展』の開催など、多彩に活動中。

2014年８月15日　世田谷の自宅にて

石本藤雄

デザイナー／作陶家

秋のはじめの頃、撮影でフィンランドに行った。首都・ヘルシンキは小さな街で、先日まで訪れていたデンマークのコペンハーゲンよりも落ち着いた雰囲気だった。中心地は石畳で、小さな路面電車が走っている。通りがカーブしているのも街を有機的で立体的にしている。フィンランド湾にせり出している岩盤の上にある街なので、三方が海にかこまれ、あちこちにハーバーがあるのも気分がいい。

取材のコーディネートをしてくれた絵里さんは〈マリメッコ〉のテキスタイルデザインをしているデザイナーだった。彼女と話をしているうちに、ボクは石本藤雄さんという大先輩がヘルシンキにいて、〈マリメッコ〉や〈アラビア〉で活躍しているということを知った。絵里さんから石本先輩の話をいろいろ聞いているうちにボクは彼に会いたくなってしまった。

なかば突撃取材のような形で石本先輩のお宅を訪ねた。古い建物の2階にある部屋。30年も住んでいるというが、こぎれいでとても生活しやすそうだ。突然にもかかわらず、お茶とお菓子を用意してくれる心遣いが嬉しい。

東京藝大の先輩であった石岡瑛子に勧められた会社に入社し、グラフィックデザイナーとして活躍した1960年代。「管理職は僕に向かないと思った。創ることがしたかったから」と先が見えてしまった会社員生活に終止符を打ち、30歳にして世界周遊のチケットを月賦で購入し旅に出た。サンフランシスコ、ロサンゼルス、ニューヨーク、ロンドン、デンマークを経てフィンランドへ。

「はじめてフィンランドに来たときは冬でね、飛行機から見える景色が一面の雪景色だった。暗い冬でも雪で明るいの」

なんて綺麗なんだろうと思ったという先輩。そのままヘルシンキに居着いてしまい、日本行きの復路チケットは必要なくなってしまった。1970年のことだ。

やがて〈マリメッコ〉のデザイナーとなり、数多くのデザインを生み出す。その数は300種類にものぼるという。植物や自然がテーマになった柄が多く、ボクが見ても知っている柄があった。2006年に〈マリメッコ〉を定年退職し、現在はフィンランドの老舗陶器ブランド〈アラビア〉の客員作家として通い、作陶している。

先輩にとって、今はまだ旅の途中なのですか？　とボクは質問した。先輩は少し困った様子で「そんなの分からないんだよ、決めて動いているわけではないから」と答えた。これが旅なのかどうかというよりも、「創りたい」という欲求を満たせているかどうか。先輩にはそっちのほうが重要なのかも知れない。

お話を伺った後、お昼を食べに外に出た。よく晴れた初秋の週末。「少しずつ紅葉が始まっているね」と木々を指差す先輩。フィンランドの短い夏が終わった。今度は雪が降ったヘルシンキに来たいなとボクは思った。

【ほんのつけたし】連載が始まってからはじめての海外取材。ふだん、地方取材もままならないのだけど、ボクの出張先で急遽、取材開始となった。突然の取材に対応していただいた先輩、コーディネイトの絵里さん、『ブルータス』の町田くんにも感謝。

石本藤雄（いしもと・ふじお）1941年、愛媛県生まれ。64年に東京藝術大学美術学部工芸家を卒業。広告デザイナーの仕事を辞め、世界を旅し、70年にフィンランドへ。〈ディッセンブレ〉を経て、74年から〈マリメッコ〉に所属。300ほどのテキスタイルの柄を作り上げ、94年にカイ・フランク賞受賞、2010年にフィンランドの芸術家に贈られる最高位「フィンランド獅子勲章プロ・フィンランディア・メダル」を受賞。現在は〈アラビア〉で陶芸家として活動中。

2014年９月13日　フィンランドにて

渡辺篤史

俳優

高校生の頃、秘かに楽しみにしているテレビ番組があった。それは『ねるとん紅鯨団』でも『愛しあってるかい！』でもなく、『渡辺篤史の建もの探訪』だった。１９８９年に番組が始まった当時は、朝7時30分からの番組だった。寝坊して遅刻してしまった高校生にはピッタリな番組だ。小田和正のなんともノンビリした歌声が聞こえてくると、ああ、長閑だなと気持ちが安らぐのであった。早く学校に行かなくてはいけないのに。

渡辺篤史先輩はどこまでも丁寧だ。家主と対面する瞬間、家に上がり込む瞬間、きっちり間をとって挨拶をする。そして褒める。どんなディテールも見逃さず、掬い上げる。その細部に目を配る様はさながらハンターのようであり、職人の域にも達している。すぐにその家の一番いい場所を見つけ出し、その場にしばし佇む。そしてそこからの眺め、光を体感し、その家の神髄を見出す。その家に子どもがいた場合、先輩は少し関わろうとする。だけど子どもによってはつれない反応だったりするのが面白い。それでも毎回からもうとする先輩は素敵だ。建物に到着した途端、渡辺先輩の五感はフルに作動する。

先輩と待ち合わせの場所は、渋谷区神宮前に佇む「塔の家」の前だった。１９６６年竣工、東孝光によるコンクリート打ちっぱなしによる狭小住宅の金字塔。家の前で対面すると、若輩者を相手に両手を差し伸べての握手をしてくれる。なんと丁寧なんだろう。そしてボクが先に「塔の家」に入ると、先輩がなかなか入ってこないではないか。玄関の外まで戻ると、外壁のコンクリートのテクスチャーやちょっとした突起物を眺めては嬉しそうにしている。しまった、ボクはなんとせっかちで、細部を見ていないのだろう。すでに建もの探訪が始まっていたのだ。なかなか家に入らない。入ったらいったいどうなるんだろう。

番組は今年（2014年）で25周年を迎えた。当初は公共の建築物を訪ねる番組であったが、先輩のたっての希望もあって、一般住宅、それもいわゆる豪邸ではない家を訪ねる番組へと変わっていった。「塔の家」はまさにその転換点だったのだ。当時から建築好きだった先輩にとって、思い出で深い1軒なのであった。

次の日は収録にお邪魔させていただいた。家の前に着いた途端に始まった収録は圧巻だった。25年間ほぼ同じスタッフというだけあってチームワークがスムーズだし、家主が一番嬉しそうにしていたのが印象的だった。

帰り際、先輩がナレーションを担当したドキュメンタリー番組のDVDを貸してくれた。コレ見てください、関心あると思うからと。昨日お話ししただけで、すぐに気を回して何かを持ってきてくれる先輩の気遣いが嬉しかった。

『建もの探訪』の鉄則がひとつあるんです。それは、靴下はまっさらの新品。これはずっと守ってる」

DVDを借りたお返しに、新品の靴下をお礼に添えて、まだまだ番組を続けてもらおうと思うのであった。

【ほんのつけたし】毎週土曜日朝5時放送ということで、なかなかチェックするのが難しいのだが、ボクがお礼に贈った「ラルフ・ローレン」の靴下、収録時に履いてくれただろうか。

渡辺篤史（わたなべ・あつし）1947年、茨城県生まれ。小学3年生のときに上京し、劇団若草に入団。60年にドラマ『にあんちゃん』でデビュー。子役として人気を確立した後、70〜80年代は俳優としてドラマ・映画に多数出演。89年にスタートしたテレビ番組『渡辺篤史の建もの探訪』は、この年に沖縄から桜前線とともに北上して北海道まで巡り3カ月で終わるはずが、気がつけば長寿番組に。現在はテレビやCMのナレーションでも活躍。

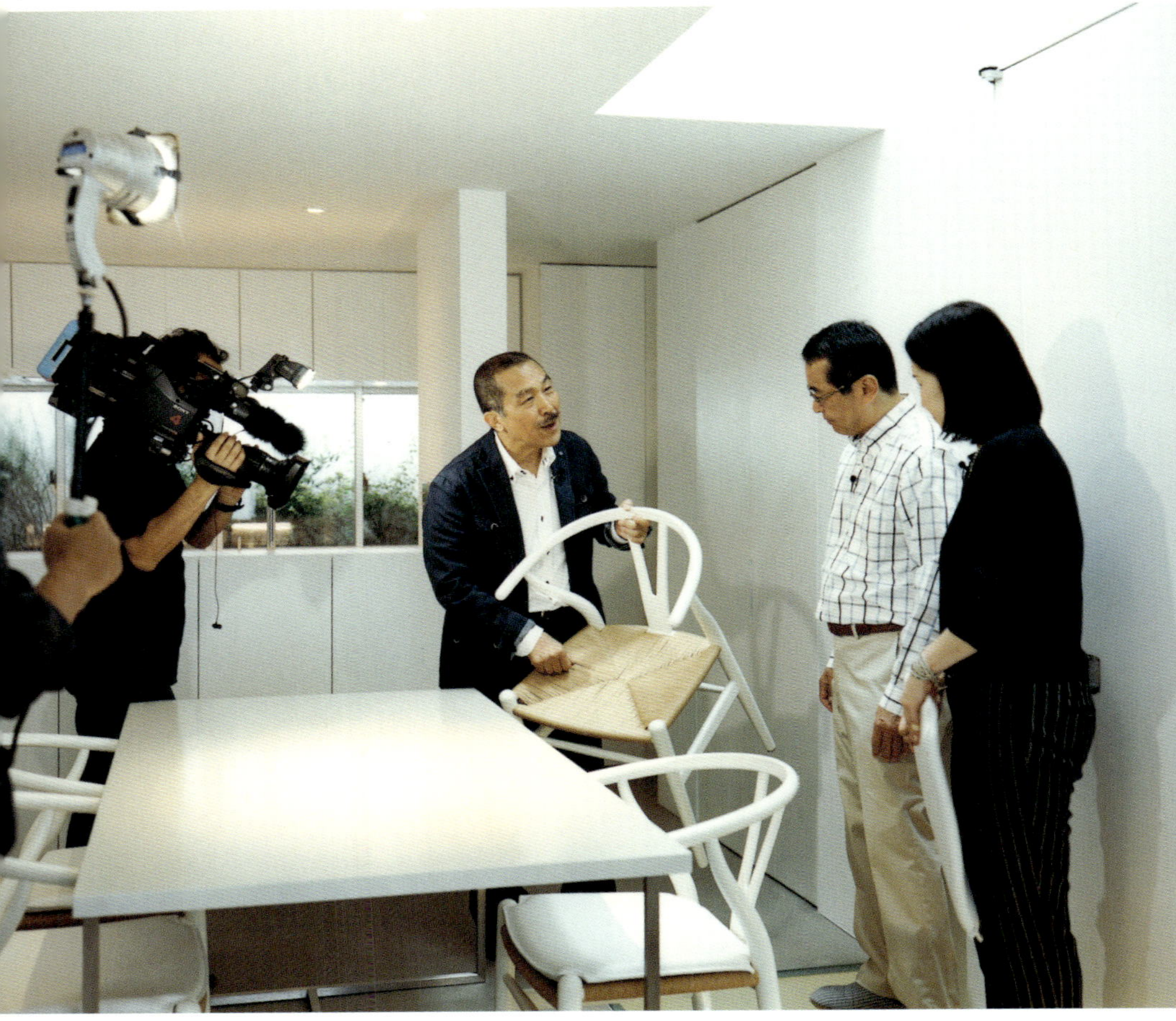

2014年９月18日　渋谷区「塔の家」、20日　文京区にて

添田 浩

建築家／デザイナー

ボクには幼稚園から知っていて、いまだに付き合いのある友人がいる。いや、彼のことは生まれる前から知っているような気さえする。というのは、親同士が友人だったからである。幼馴染みという言葉より、もう少し時間軸が前の感じがするのだ。というわけで、添田浩先輩はボクにとって、幼馴染みの父親、という感じとはまたちょっとニュアンスが違う。

大人になってから、あの子の家、素敵だったなと思い出すことがある。その筆頭に添田家がある。世田谷区梅丘の静かな住宅街にあって、大きな木が何本も立っている庭をL字で囲むように建っている木造の平屋。大きな木のスライドフェンス、広いタイルの浴室とトイレ、猫足のバスタブ、ハシゴでのぼるロフト。

ボクたちがスケートボードを始めると、週末にはよく添田家に集まった。買ったばかりのスケートボードを抱えて電車で5駅。まだ声変わりもしていなかった。ボクたちは浩先輩にジャンプランプ（スケートボードで遊ぶためのジャンプ台）を作ってもらった。どうやら、息子が見ているアメリカのスケートボードのビデオを見て、作ってやる、ということになったらしい。

「研究した結果ね、肝心なのはRの角度、あんまりキツイと上に上がっちゃうから前に跳べない、微妙に緩くしないと。それと、Rを作るために木を曲げなくてはいけないから、タル木にたくさんスリットを入れて曲げれば綺麗だし、強度もあるからいいと思う」と言ったのを憶えている。

それからベニヤを近所の材木屋さんに買いにいき、みんなで作った。そう、浩先輩は建築家だったのだ。完成したジャンプランプは美しい仕上がりで、キャスターも付けて移動もできる仕様にした。早速、切り込み隊長役の友人が試したのだが、シナベニヤが薄すぎてウィール（タイヤ）がめり込み、友人は飛び散った。

そうやってボクたちは添田家に集まっては楽しんだ。お昼になると出前でとってくれる少し伸びたラーメンが大好きで、いつも楽しみだった。いま考えると、騒々しくて迷惑だったのではなかろうか。

「いや、いいんだよ。そうやって街路になにか動きがあったり、音があったりするほうが健全なんだよ」と建築家らしい見地である。当時も建築家としてその観点でボクらを街路に放っていたのかと思うと面白い。

当時から添田家息子の部屋にあったシンプルな机と、風変わりな椅子を憶えている。聞けばシャルロット・ペリアンのデザインだという。「図面を引く僕の手から鉛筆を奪ってね、違う！　と突き刺したんだよ」と笑って言う先輩。１９７５年、ペリアンのデザインを復刻するのに一緒に作業をしたそうだ。しかし息子曰く、普通の学習机がよかったそうだ。

先輩は現在、建築家として月島の再開発事業のファサードやランドスケープデザインを担当している。完成の暁には、行ってみよう。スケートボードを持って。

【ほんのつけたし】都内に小さな家を建てたと、褒めてくれると思って先輩に報告したら、「土地にお金を払うなんてナンセンスだよ、考え方が古い」と叱られた。なんてラディカルな先輩なんだろう。

添田　浩（そえだ・ひろし）１９４２年、東京都生まれ。東京藝術大学美術学部建築学科卒業。国内では住宅建築を中心に手がけ、ヨーロッパでは歴史的建築のレストレーションに参加するなど、幅広く活躍。料理人・熊谷喜八氏との交流は深く、70年代後半から8年間にわたり、月に一度、氏の料理サロンで助手役を務めた。

2014年11月14日　調布市の自宅にて

孫 家邦

「リトルモア」代表

千駄ヶ谷にある出版社・リトルモアから最初の写真集を出したボクは、間もなく社長の孫家邦先輩から1本の電話をもらった。「映画の現場に入ってみないか」という内容だった。ボクを孫さんに紹介してくれたリリー・フランキーさんが書いた小説『東京タワー　オカンとボクと、時々オトン』の映画化の現場だった。2ヶ月半に及ぶ撮影の現場に毎日行くことが条件だった。

「一度はやってみてな、二度やる必要はないけど」

どうやらボクに断るという選択肢は残っていないようだった。

不安を抱えながらも映画製作の現場に一歩踏み込んでみると、そこはまったく知らない世界だった。とにかく大勢の人間が着々と自分の仕事をこなしていて、制作部といわれる部署の人間はすべての手はずを整えていた。たまに聞こえる怒号や、本番のフィルムが廻るときの静寂が、ボクが別世界に来たことを告げていた。現場がはじめての、「スチール写真」係のボクは邪魔者扱いだった。ふだん、ボクの写真撮影現場では、別に威張っているわけではないけれど、一応ボクが現場のてっぺんだ。そのギャップがボクを寂しくもさせるし、どこか気持ちよくもしてくれた。「不思議と登校拒否にはならず、現場に足を運ぶたびに、知らない者同士が大きな船に乗って、ひとつの目的地に向かう感じが楽しくなってきた。

孫先輩はいつも半袖で、ビーチサンダルを履いていた。たぶんいろいろと難しい大人の話しに日々対処しながらも、たまに目が合うと「どや、上手いことやってるか？」

と声をかけてくれた。

久し振りに、現場に入っている孫先輩に会いにいった。会うなり「携帯切ったか?」と、人差し指を口の前に立てて、こっちこっちと手招きをする。35ミリフィルムカメラ前に佇む女優、本番が廻り始めると女優の息づかいまで聞こえてくる。ボクのなかで一気にあのときの気分が噴出する。ひとつの目的地に向かう、知らない者同士が乗り合わせた大きな船。「はいOKです!」と監督。「喫茶店行こうや」と先輩。

いつか連れションをした思い出話しなんかをしながらも、「どや、喰えてんのか?」と気遣ってくれる。考えてみれば、『東京タワー~』の撮影をしている頃は時間がたっぷりあった。撮影期間の2ヶ月半で断った仕事もいくつかしかなかったはずだ。『東京タワー~』以降、ボクはずっと忙しくやってきた自負がある。自分のなかでターニングポイントになっているのは間違いない。先輩はリトルモアに写真を持ち込んだこの若輩者によい部分と同時に足りない部分も瞬時に見つけ、この仕事をボクにやらせたのだと思う。

孫先輩に会うときはいつも緊張をする。でもその緊張は、映画の現場で35ミリフィルムカメラが廻りはじめる緊張と似ている。少し鳥肌が立つ感じ。映画製作現場からボクが学んだこと、それは孫先輩から学ぶこととよく似ているという気がしてならない。

【ほんのつけたし】 父親としては同級生であることが発覚し、こんど子ども同士を遊ばせようよ! と言って別れたこの日。はたして先輩とボクはパパ友になれるのだろうか。

孫 家邦(そん・かほう) 1961年、大阪府生まれ。89年公開の『どついたるねん』の企画から映画製作に携わり、『東京タワー オカンとボクと、時々オトン』『舟を編む』ほか、数々の作品をプロデュース。同時に出版社・リトルモアに参画し、本の編集も行う。

美容室

2014年12月3日　都立大の撮影現場にて

小西康陽

音楽家

携帯電話に仕事の依頼がくる。電話の相手が次の瞬間、どんな言葉を発するかで、ボクの未来は決まっていく。時おりとんでもない単語を聞いて驚く。そしてドキドキしながら感謝する。独立して間もない2002年。ふいにかかってきた電話にボクは正直ビビっていた。内容は、小西康陽率いるレディーメイドから発売される、夏木マリさんのアルバム『パロール』のジャケットの撮影だった。ピチカート・ファイヴだって、夏木マリだってもちろん知っている。でも、そんな人たちと関わるなんて思ってもいなかったのだ。

ボクにとって、はじめての大きな仕事だった。ボクは精一杯の持っている機材を担いでいって、撮影に臨んだ。いま考えるとなんとも頼りない機材だったかもしれない。でも当時のボクにはありったけの準備だった。メイクを終えた夏木さんがカメラの前に用意した椅子に座って「どうすればいいのかしら?」と言った。ボクは何も言えなかった。しかし、ボクの後ろから小西先輩が次々とイメージを夏木さんに投げかけた。すると、撮影は進みはじめ、煙草をくゆらせた夏木さんがどんどん変貌していった。それはまるで往年の映画スターのように。ボクはただ息をのんでシャッターを押した。

夏木さんの女優姿に圧倒されるのは当然だったが、ボクは小西先輩の持つイメージの強さにも圧倒されていた。そして自分のイメージの少なさを実感して少し落ち込んでもいた。これからボクが関わっていく世界では、この強度が必要なのかと思うと、やっていけるのだろうかと不安すら感じた。もちろんボクが小西先輩のようになれるわけないので、所詮そんな心配は不要だったのだが、当時はそう思ってしまったものだ。

あれから10数年経って先輩に質問してみた。どこからそのイメージがやってくるのかを。「かっこいい人からじゃないと音楽が聴こえてこないし、ジャケットの想像もできない」と先輩は言った。「だから今度出す自分名義のアルバムのジャケが見えてこないんだよね」と笑う。音よりも先に、その人の「みてくれ」が必要と言う。

ここ数年、先輩は映画をよく観ている。去年は年間約700本は観たそうだ。

「やっぱりさ、映画の主人公はかっこよくなきゃね、主人公がかっこわるい映画、観たくないでしょ」

小西先輩は音楽の人にプラスしてイメージの人だというボクの理解は間違っていないようだ。そして、やはり10数年経っても先輩が貯蓄しているイメージの数と強度には到底及ばないことも知った。ボクもビジュアルを扱う人間として、先輩から学びたいことがたくさんあることを今日も確認するのであった。

それにしても、夏木マリさん相手に、ボクみたいなペーペーをよく起用したものだと思う。不安はなかったのだろうか。

「え、緊張してたの？　あ、でも僕はともかく相手がいきなりマリさんか、そりゃ緊張するよね！」

先輩は笑ってみせた。

【ほんのつけたし】「どうってことない場所でもいい写真にするね」。いつかの撮影で、先輩がボクに言ってくれたセリフをずっと憶えていて大切にしています。ありがとうございます！

小西康陽（こにし・やすはる）1959年、北海道生まれ。青山学院大学への入学を機に上京し、音楽サークル「ベターデイズ」に所属。85年にピチカート・ファイヴでメジャーデビュー。楽曲提供、プロデュースも多彩で、数々のアーティストを手掛ける。渋谷のオルガンバーなどで定期的にプレイするなど、DJとしても活動し、コラムやエッセイも人気。www.readymade.co.jp

524
Readymade!

2014年12月13日　恵比寿のスタジオにて

岡本 仁

編集者

２０００年代に入りかけた頃の話。マーク・ゴンザレスの写真はないかと、マガジンハウスから連絡がきた。98年頃にサンフランシスコで奇跡的に撮れた写真があって、ボクは大切な写真だから大きく使わないのだったら貸したくないと生意気を言った。それがボクと雑誌『リラックス』のはじめての関わりだった。

結局、その写真は大きく使われなかったのだけど、マーク・ゴンザレスの特集をする雑誌などスケートボード専門誌以外では世界中探してもなかったはずだ。当時、編集長だった岡本先輩と会ったのはそのときがはじめてだった。

「不機嫌そうにしていたね」とあの頃を振り返る先輩。大変、失礼をした。だけど本当ははじめて訪ねる編集部の雰囲気や雑誌を作っている活気にドキドキしていただけで、不機嫌顔はただのアングラ気取りの見栄っ張りだったのだ。

『リラックス』が、すでに知っている物や事、そして人だけでなく、ボクのような異物も混ぜながら作る方針の雑誌（これはあくまでボクの見解）だったので、その後

実は編集者という仕事に憧れがある。大学4年生のとき、実際にいくつかの編集部に履歴書を送ったことがあるくらいだ。もちろん採用されなかったので、別の道を進むことになったのだが。別の道とはいえ、編集者がすぐ横にいる道なので、この道もとても気に入っている。今日のように岡本仁先輩と冬の東京を歩いた日は特にそう思うのだ。

もストリート・カルチャーのページを何度も担当させてもらった。その中の企画からボクの写真集『POOL』が生まれた。

カリフォルニア取材から帰ってきたボクは『POOL』の撮影の興奮が冷めやらず、使わなかった写真を再編集し、早速ZINE作りにそのエネルギーを注ぎ込んだ。ふだんならそこで満足するのだが、このときばかりは先輩を呼び出して「ボクはこんなことをしているんだが、どうしたもんだろう」とZINEを渡し、相談に乗ってもらったのだ。ふだん、積極的ではないボクにとっては珍しいことだった。先輩は返事をすぐに返事をくれた。『POOL』の写真をどうすれば良い形で本にできるか、考えてくれた。一緒に人に会いにいき、プレゼンテーションをしてくれた。先輩の得になることは何ひとつないのに。

ボクは結局、編集者になれなくてよかったのだ。もしヘタになっていたら、先輩の諸仕事にただ嫉妬してしまうだけだろう。先輩の仕事の素晴らしさについて、文字の素人が語って陳腐な表現になるのが恐ろしくて書けないが「岡本先輩の仕事、よーくチェックしないと人生損するぜ！　チェキラッチョー！」とだけ言わせてもらう。

千駄ヶ谷のフォー屋さんで朝食を食べ、原宿、外苑辺りのもうすぐ変貌するだろう東京に風景の中を歩き、取り残されたような食堂で昼飯に久留米ちゃんぽんを食べ、ボクらは別れた。冬の東京はよく晴れて、空気は澄み渡り、朝の空気がいつもより長持ちしているようだった。

【ほんのつけたし】『POOL』が世に出ていなかったら今の自分もないだろうと思うと、岡本先輩は先輩というより恩人と呼んだほう近い。だからいつもボクは緊張する。本当は普通に友人になりたいんだけど。

岡本仁（おかもと・ひとし）1954年、北海道生まれ。東京の大学を卒業し、地元の北海道文化放送に入社。マガジンハウスに転職し、編集者として『ブルータス』『クウネル』など数々の雑誌に携わる。『リラックス』では編集長を務める。現在はランドスケーププロダクツに籍を移し、コンセプトづくりや出版物の編集など多彩に活躍。

2015年2月2日　千駄ヶ谷にて

平野甲賀

装丁家

昨年（2014年）、両親が引越しをした。引越し先は香川県の小豆島だった。母親は神田の生まれで、父親は大田区北千束育ちなので、ほぼ東京以外には住んだことがない人たち。年齢を考えても大きな決断だった。というわけで、ボクにも急遽「田舎」ができたわけだ。そろそろ春がやってきそうな3月の上旬、4歳の娘と「帰省」した。高松港からフェリーに乗り、小豆島の草壁港で降りる。歩いて20分ほど緩やかな坂道を登っていくと、両親が借りた古民家がある。平屋の古い家で「田舎」の演出としては充分すぎる。

ボクが小学生低学年の頃、家が自宅兼父の仕事場になった。それまでは原宿にあったセントラルアパートメントが仕事場だったので、ボクはときどき原宿に行ってはいたものの、父がどんな仕事をしているのかは知らなかった。自宅兼仕事場となると、そこにさまざまな人たちが出入りするようになった。

何度も引越しをしたので、形態はいろいろだったが、とある家では、仕事部屋を家の一番奥に作ったために来訪者は玄関を通らず庭を横切って掃き出しの窓から入るシステムだった。ボクは居間でテレビなど見ながら、時おり通るいろんな大人を見ていた。今にして思えば、あの人たちが編集者たちだったのだと思う。家のリビングでたまに開催された宴会にもいろんな大人が来た。声が大きい人や、笑い方が変な人、ずっと正座を崩さない人、床で寝ている人。世の中にはいろんな人がいるなと思ったものだ。これはボクにとってなかなか重要な体験だったように思うのだ。
実家での両親とボクの会話のほとんどは、何かの企画会議のようになる。こんな人がいて、その人とどんなことができそうだとか。あの人に、こんなことをやらせてみたいとか。そんな話をしているときが一番楽しそうな顔をする。ボクがこの連載がこれで最終回と話せば、じゃあ本にまとめるとなるとどうすればいいか、すべて4色で刷ると大変だから……、あの出版社のあの編集者は興味持つかも知れない……、などなど。デザイナーとカメラマン、職業は違えど、業界は似たようなもの。ボクもいつのまにか業界人になったのだろうか、そんな話が楽しい。

父が小豆島に移住したこと。思い切った選択とは思うが、反面「らしい」とも思う。父の仕事はこれまでも、紙の上のことだけではなかったからだ。演劇の舞台装置やポスターから始まったのだから当然のことだ。島で出会う面白いと思う仲間たちときっと何かを始めるのだろう。その運動の中でまたデザインが必要になるんだろう。それが原動力なのだ。おっと、父の仕事の評論をしている場合じゃない。ボクにはボクの運動があるのだから。もし単行本になるとしたら題字が必要だから用意しておいて欲しいと頼み、帰路のフェリーに乗り込んだ。

【ほんのつけたし】最終回はやはり父親なのかなと、編集者とも半ば暗黙の了解のように連載は進んでいった。小豆島に移住した父を追いかけて取材し、すっきりと連載を終えることができた。

平野甲賀（ひらの・こうが）1938年、京城（現在のソウル）生まれ。武蔵野美術学校（現在の武蔵野美術大学）デザイン科卒業後、高島屋宣伝部に入社。その後フリーデザイナーとして活躍。64年から92年まで、晶文社の本の装丁を一手に担う。ひとりのデザイナーが1社の装丁をすべて手掛けるのは稀有なことで、カウンターカルチャーに力を入れる同社のスタイルを作り上げた。その後、装丁の仕事は他社にも広がり、現在に至るまでその数は7000冊に上る。

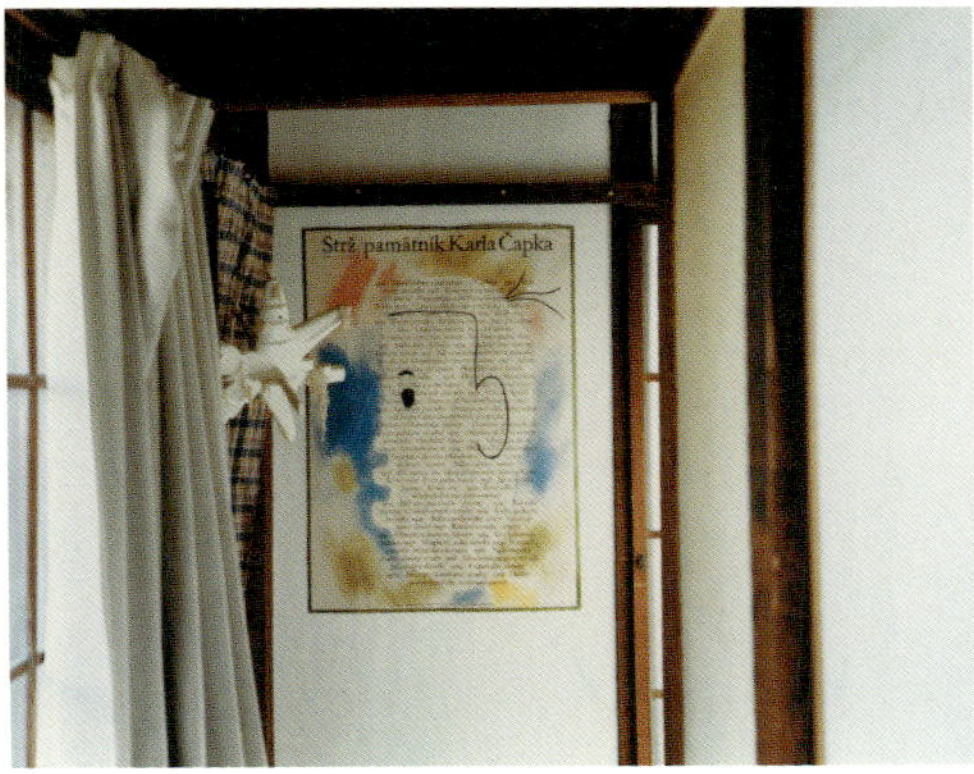

2015年３月８日　小豆島にて

あとがき

リニューアルする『ポパイ』（マガジンハウス）で連載をしないかというお話をいただいた。お題ははじめからあって、人生の先輩たちを訪ね歩くというのが趣旨。ボクが写真を撮り、文章も書くことが決まっていた。その前の年に同じくマガジンハウスから『東京の仕事場』という写真集を出したばかりで、その写真に短文も書いていた。木下編集長と担当編集者の矢作くんは、その本が頭にあったのかもしれない。

写真を撮るならまだしも、取材をして文章も書かなくてはいけないというのははじめてのことで、できるか自信はなかったのだが、本の冒頭にも書いたように見切り発車するしかなかった。

いまこうしてすべての原稿に目を通して読むと、やはり文字数はばらばらだし、何度も同じことを書いていたりして素人であることがすぐに分かる。しまいには先輩を皆さんに紹介することを放棄して、自分の話ばかりしている。これは先輩をダシにした自分の半生史なのではないかと、諸先輩に申し訳ない気持ちでいっぱいになる。連載を本にまとめるにあたって、諸先輩から全員承諾をいただけたことに先輩たちの器の大きさを感じずにいられない。まるで「私なんかでダシが取れるんだったらどうぞ」と言ってくれているようだ。

連載期間3年間、一度も休まず36人の先輩たちを訪ねた。ボクも3歳分、年を重ねて40代に入り、まさに「中堅」という時代を存分に楽しんだ3年間だった。そのうちボクのところにも「後輩」が訪ねてくるのだろうか。それはこれからのボクの過ごし方次第だろう。いつかそんな日が来ることを楽しみにしている。

発案いただいた『ポパイ』編集長の木下さん、担当編集の矢作さん、担当を引き継いでくれた榎本さん、連載時の誌面をずっとデザインしてくれた前田晃伸さん、書籍化に尽力いただいた晶文社の斉藤さん、撮影のアシスタントをしてくれた山本あゆみさん、中田健司さん、36人の先輩たちに感謝申し上げます。本の装丁、本文デザインを父、平野甲賀先輩に頼めたのも嬉しかったです。そして安西水丸先輩のご冥福を心よりお祈りいたします。

2015年11月29日　阿佐谷の河北病院にて（息子が喘息で入院）　平野太呂

追記――このあとがきを書いた次の日に水木しげるさんの訃報が飛び込んできました。昨晩は、はじめてスターバックスのコーヒーをすする先輩の姿をツイッターで見て、笑っていたのに。残念でなりません。ご冥福をお祈りいたします。

初出『ポパイ』（マガジンハウス）２０１２年6月号〜２０１５年5月号。
単行本化にあたり、加筆・訂正しました。

著者について

平野太呂（ひらの・たろ）

一九七三年、東京生まれ。写真家。武蔵野美術大学造形学部映像学科卒業。写真集に『POOL』（リトルモア）、『ばらばら』（星野源との共著、リトルモア）、『東京の仕事場』（マガジンハウス）などがある。ギャラリー「No.12 GALLERY」を運営している。

ボクと先輩《せんぱい》

二〇一六年一月三〇日初版

著　者　平野太呂

発行者　株式会社晶文社

東京都千代田区神田神保町一－一一

電話（〇三）三五一八－四九四〇（代表）・四九四二（編集）

URL http://www.shobunsha.co.jp

印刷・製本　中央精版印刷株式会社

Ｄ Ｔ Ｐ　株式会社キャップス

ISBN978-4-7949-6916-3　Printed in Japan